지랄발랄 하은맘의
책육아 액션 노트

지랄발랄 하은맘의
책육아 액션 노트

1판 1쇄 인쇄 2020년 12월 7일
1판 1쇄 발행 2020년 12월 24일

지은이 김선미 **발행인** 양원석 **편집장** 최혜진
디자인 남미현 **일러스트** 안다연 **영업마케팅** 윤우성, 박소정, 정다은

펴낸 곳 (주)알에이치코리아
주소 서울시 금천구 가산디지털2로 53, 20층 (가산동, 한라시그마밸리)
편집문의 02-6443-8892 **도서문의** 02-6443-8800 **홈페이지** http://rhk.co.kr
등록 2004년 1월 15일 제2-3726호

ISBN 978-89-255-8928-2 (13370)

지랄발랄 하은맘의
책육아 액션 노트

김선미 지음

알에이치코리아

2021

1
S	M	T	W	T	F	S
					1	2
3	4	5	6	7	8	9
10	11	12	13	14	15	16
17	18	19	20	21	22	23
24	25	26	27	28	29	30
31						

2
S	M	T	W	T	F	S
	1	2	3	4	5	6
7	8	9	10	11	12	13
14	15	16	17	18	19	20
21	22	23	24	25	26	27
28						

3
S	M	T	W	T	F	S
	1	2	3	4	5	6
7	8	9	10	11	12	13
14	15	16	17	18	19	20
21	22	23	24	25	26	27
28	29	30	31			

4
S	M	T	W	T	F	S
				1	2	3
4	5	6	7	8	9	10
11	12	13	14	15	16	17
18	19	20	21	22	23	24
25	26	27	28	29	30	

5
S	M	T	W	T	F	S
						1
2	3	4	5	6	7	8
9	10	11	12	13	14	15
16	17	18	19	20	21	22
23	24	25	26	27	28	29
30	31					

6
S	M	T	W	T	F	S
		1	2	3	4	5
6	7	8	9	10	11	12
13	14	15	16	17	18	19
20	21	22	23	24	25	26
27	28	29	30			

7
S	M	T	W	T	F	S
				1	2	3
4	5	6	7	8	9	10
11	12	13	14	15	16	17
18	19	20	21	22	23	24
25	26	27	28	29	30	31

8
S	M	T	W	T	F	S
1	2	3	4	5	6	7
8	9	10	11	12	13	14
15	16	17	18	19	20	21
22	23	24	25	26	27	28
29	30	31				

9
S	M	T	W	T	F	S
			1	2	3	4
5	6	7	8	9	10	11
12	13	14	15	16	17	18
19	20	21	22	23	24	25
26	27	28	29	30		

10
S	M	T	W	T	F	S
					1	2
3	4	5	6	7	8	9
10	11	12	13	14	15	16
17	18	19	20	21	22	23
24	25	26	27	28	29	30
31						

11
S	M	T	W	T	F	S
	1	2	3	4	5	6
7	8	9	10	11	12	13
14	15	16	17	18	19	20
21	22	23	24	25	26	27
28	29	30				

12
S	M	T	W	T	F	S
			1	2	3	4
5	6	7	8	9	10	11
12	13	14	15	16	17	18
19	20	21	22	23	24	25
26	27	28	29	30	31	

2022

1

S	M	T	W	T	F	S
						1
2	3	4	5	6	7	8
9	10	11	12	13	14	15
16	17	18	19	20	21	22
23	24	25	26	27	28	29
30	31					

2

S	M	T	W	T	F	S
		1	2	3	4	5
6	7	8	9	10	11	12
13	14	15	16	17	18	19
20	21	22	23	24	25	26
27	28					

3

S	M	T	W	T	F	S
		1	2	3	4	5
6	7	8	9	10	11	12
13	14	15	16	17	18	19
20	21	22	23	24	25	26
27	28	29	30	31		

4

S	M	T	W	T	F	S
					1	2
3	4	5	6	7	8	9
10	11	12	13	14	15	16
17	18	19	20	21	22	23
24	25	26	27	28	29	30

5

S	M	T	W	T	F	S
1	2	3	4	5	6	7
8	9	10	11	12	13	14
15	16	17	18	19	20	21
22	23	24	25	26	27	28
29	30	31				

6

S	M	T	W	T	F	S
			1	2	3	4
5	6	7	8	9	10	11
12	13	14	15	16	17	18
19	20	21	22	23	24	25
26	27	28	29	30		

7

S	M	T	W	T	F	S
					1	2
3	4	5	6	7	8	9
10	11	12	13	14	15	16
17	18	19	20	21	22	23
24	25	26	27	28	29	30
31						

8

S	M	T	W	T	F	S
	1	2	3	4	5	6
7	8	9	10	11	12	13
14	15	16	17	18	19	20
21	22	23	24	25	26	27
28	29	30	31			

9

S	M	T	W	T	F	S
				1	2	3
4	5	6	7	8	9	10
11	12	13	14	15	16	17
18	19	20	21	22	23	24
25	26	27	28	29	30	

10

S	M	T	W	T	F	S
						1
2	3	4	5	6	7	8
9	10	11	12	13	14	15
16	17	18	19	20	21	22
23	24	25	26	27	28	29
30	31					

11

S	M	T	W	T	F	S
		1	2	3	4	5
6	7	8	9	10	11	12
13	14	15	16	17	18	19
20	21	22	23	24	25	26
27	28	29	30			

12

S	M	T	W	T	F	S
				1	2	3
4	5	6	7	8	9	10
11	12	13	14	15	16	17
18	19	20	21	22	23	24
25	26	27	28	29	30	31

Daily

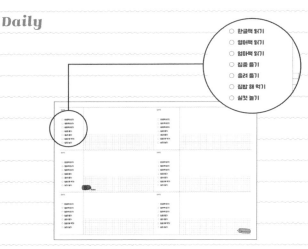

매일 책육아 실천하기

○ **한글책 읽기** 하던 일도 멈추고 책 읽어주기!
　　　　　　　읽기독립 되고 나면 너~무 편해질 거다.

○ **영어책 읽기** 엄마부터 쫄지 마! 발음 후져도 괜찮아.
　　　　　　　죽어라 읽어줘.

○ **엄마책 읽기** 하루 100페이지, 3일에 1권 읽기!
　　　　　　　엄마도 '1년 100권 독서' 채워보자.

○ **집중 듣기** 8세 이후 하루 10분 이상 소리 들으며,
　　　　　　　눈이 영어 문장을 따라가도록!

○ **흘려 듣기** 생활 속에서 불현듯, 수시로,
　　　　　　　영어가 배경 음악처럼 흐르도록!

○ **집밥 해 먹기** 좋은 재료, 쉬운 레시피로
　　　　　　　뚝딱 집에서 만들어 먹기!

○ **실컷 놀기** '머리 독서'만큼 '몸 독서'도 중요해.
　　　　　　　실컷 놀아야 책도 본다.

Monthly

월 세부 목표 세우기

◯ 1달 1전집 들이기
◯ _____

Book List

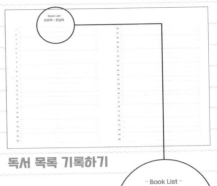

독서 목록 기록하기

·· Book List ··
아이책 : 한글책

Recipe

하은맘의 '와락 쏟아' 레시피

바빠 죽겠는데 뭘 계량하고 앉았어?
기분대로 때려 넣어!
뭐든 다 맛있어져 @.@

Note

하은맘의 육아 명언 필사 노트

밑줄 긋고 필사하고 적용하고
반성하는 선순환 속에서 멋지고
참된 부모로 우뚝 서게 되는 거야.

내 성장의 원천은
단연 '아날로그'다

뭘 열심히 하고는 있는 거 같은데

아무리 애를 써도 멈춰 있는 것만 같고,

무언가가 내 앞을 가로막고 있는 것 같고 그러니?

인생의 돌파구가 필요해? 죽겠어 아주?

도저히 이대로는 못 살겠지?

이대로 대충 살다 죽긴 나 자신이 너무 짠하지? 응?

자, 옛다! 받아라!

인생을 완전히 뒤집어 엎어놓을 '변화의 레버'를 던져줄게.

끼잉~ 하고 돌려. 그럼 끝나.

근데 매일 아침 돌려야 돼.

자고 나면 다시 원위치로 돌아가 있을 거거든.

평생 동안 쌓인 후진 습관과 포기의 '늪'과 대충의 '넋'이

그깟 변화의 의지 따위 가만 냅두겠냐?

하루 이틀 다져진 게 아닌데 그죠.

하루아침에 천지개벽하는, 드라마틱한 변화를 이뤄낼 수 있다는 책들

내가 겁나 많이 봐왔는데 말이다.

돌파구라는 게 그리 쉽게 뿅! 책 한 권,

세미나 한 번으로 뚫어내지는 게 절대 아니거든.

특히 육아에 있어서는 더더욱.

매일매일 일상에서의 부단한 '연습'과

꾸준한 '단련'과 지긋지긋한 반복 '훈련' 없이는

절대 애도 나도 훌륭하게 커나갈 수가 없다 이 말이다.

일기장, 가계부, 다이어리, 프랭클린 플래너 등등 무려 35년 활용에 빛나는

언니의 간증이 철저히 반영된,

그야말로 끝내주는 인재 육성은 물론이고 엄마의 삶 또한 업그레이드되는

'책육아 실행' & '인생 버전 업' 최고의 플랫폼!

언니의 액션 노트다.

판은 언니가 다 깔아놓았다. 니들은 놀기만 해라.

다이어리 옆구리에 끼고 적고 붙이고 체크하면서 맘껏 춤춰라.

1년 후 나도 모르게 자동으로 차원 '업' 되어 있을 테니…

근데, 디지털 플랫폼을 기반으로 온라인 세상으로 뛰쳐나가야

생존할 수 있다 떠들어대는 이 대전환의 시대에

올드하게 종이 다이어리가 웬 말이냐고?

나도 에버노트, 구글 다이어리 까리하게 쓸 줄 알고

각종 패드 자유자재로 다룰 줄 안다.

허나 아직도 종이 다이어리에 업무 기록하고 종이책에 줄 치고
볼펜으로 적고 인덱스 붙여 표시하고 사과 편지도 종이에 써서 전해준다.
뭐가 더 행복해지고 효율적이면서도 성장으로 이어지는
도구이자 플랫폼인지 알아버렸거든.
바쁘고 정신 없는데 또 한편으로 지루하고 무료하게 후루룩~
흘러가버리는 육아의 일상에서
나를 들여다보고 조여 매고 다그치며 성과를 낼 수 있는 최고의 방법이
'쓰기'임을 오만 시행착오를 거치며 알아버렸다구.

지난 십수 년간 외쳐온 '책육아'!
몰라서 못 하는 엄마들보다 안 하니까 안되는 엄마들이 더 많다.
문제는 스킬이나 방법이 아닌 뭐다? '엄마의 손꾸락'.
책을 빼서 들고 읽고, 영어 DVD를 플레이어에 넣고 재생시키는 네 손꾸락!
그 지난한 반복 동작이 네 아이를 듣도 보도 못한 놀라운 신인류로 키워낸다.
머리로는 알지만 몸이 움직이지 않는 엄마들의 머리채를 틀어잡고
집요하게 끌고 가는 '신개념 초강력 싸다구 디바이스'가 될 것이니 기대하시라.

1달 1목표, 1년 후 차원이 다른 삶! 캬~
총 12스텝을 밟아나가며 성장할 수 있게끔 구성했다.

명확한 한 달 목표와 매일 아이와 해야 할 리스트를
하나씩 '클리어' 해나가면 엄마도 달라지고 아이도 달라진다.
언니가 보장한다!

바야흐로 난세이다.
하지만 기본에 충실하면 어떤 고난이 와도 흔들리지 않는다.
흔들리기는커녕 그 파도를 유유히 타며 그 너머의 세상을 감지한다.
육아하는 엄마에게 '변화'는 상수이지 변수가 아니거든.
끊임없이 변종을 만들어내는 코로나 바이러스보다
500배쯤 변종의 변종을 양산하는
무한계 까꿍 아이를 감당하며 키워내다 보니
이미 '변화'의 지배자가 되어버렸거든.

개념과 지식, 문화 자본을 탑재한 인재가 이끌어나가는 세상이다.
그 격변의 시대 낭떠러지 끝에서
언니가 너를 민다.
2021년 언니의 액션 노트와 함께
힘껏 날아올라라~!!

책육아 12단계

엄마는 환경 조성가 →

1단계
장애물 깨닫기

**"중요한 건 육아 장애물을
깨닫는 거야"**

미디어, 귀차니즘, 짜증,
핑계, 남 탓, 소비

2단계
장애물 걷어차기

**"깨달았으면 치우고,
잘못됐으면 멈춰야지"**

장애물 한방에 걷어차는
의식 전환

3단계
환경 조성하기

**"우리집이 내 아이에
최적화된 학교,
수련장이 되도록"**

엄마표 영어 + 책육아 최적의 환경

생각 그만해, 몸을 움직여 →

7단계
'하는' 육아

**"몰라서 못 하냐?
안 하니까 안되는 거다"**

수만 번 마음먹기보다
매일 행동하기

8단계
영끌 육아

**"영혼은 집 살 때만
끌어오는 게 아니다"**

몸 독서 + 머리 독서
'육아 미션' 수행하기

9단계
물타기 육아

**"계속 부어줘,
청정 1급수를"**

내 아이 무한계 인간으로
키우는 육아

"왜 오늘의 육아 미션을 대충 미뤄?"

애착 없이 육아도 없어 →

4단계
반성·사과하기

**" '존심'은
정의 앞에서나 세워.
아이 앞이 아니라"**

훈육보다 중요한 엄마의 사과 편지

5단계
인정·허용하기

**"지금의 내 아이,
있는 그대로를
인정해줘"**

긍정성과 둔감력의 비밀

6단계
반응·감탄하기

**"놀라고 감탄하고
웃어라"**

무한 감탄의 생활화

결론은 이거라고, 흔들리지 마 →

10단계
유기농 집밥 육아

**"내 손으로
골라 먹일 수 있을 때가
좋은 때야"**

내 자식 인성, 지성, 성품의 열쇠

11단계
고농도 압축 육아

**"책육아
꾸준히 해온 집들은
무서울 게 없다"**

코로나19는 압축 육아의 기회다

12단계
자력갱생, 각자도생

**"힘든 시절일수록
대충 살지 말자"**

안팎으로 더 단단하게

"중요한 건
육아 장애물을
깨닫는 거야"

장애물
깨닫기

미디어
귀차니즘
짜증
핑계
남 탓
소비

징징대지 말라고, 남 탓, 쟤 탓, 사정 탓, 나라 탓하지 말라고,
남편 핑계, 둘째·셋째 핑계, 환경 핑계 대지 말라고.
언니가 마흔일곱 번쯤 얘기했지.
육아에서 남, 쟤, 나라, 남편, 환경, 지역 그 어느 것도 감안해주거나
정상 참작해주는 변수? 절대 아니라고.
"그래서 저래서 고래서 못했쪄여? 그랬구나 저런 세상에!
님 애를 잘못 키울 수밖에 없었겠네요. '망육아' 인정!"
세상이 그래줄 것 같니? 퍽이나!
우변의 찬란한 성과를 내기 위해 묵묵히 노력해볼 생각은 안 하고,
좌변의 여러 징글징글한 나만의 개인적인 변수를 왜 자꾸 들먹이니?
아이 기질 차이? 그 변수가 크면 얼마나 클 거 같니?
태초부터 책 좋아하는 아이로 태어나는 애 없고,
진짜 특수하게 책 싫어하는 이상한 기질을 타고났어도
엄마의 노력으로 안되는 애 없다.
수동태로 말하지 마라.

엄마의 노력으로
안되는 애 없다

애 탓하지 말고, 상황 탓도 개나 주고.

내일이면 더 힘들고, 다음 달이면 더 잘 안될 거고,

내년에는 이빨도 안 들어갈 거다.

원래 도박의 기본이 자기 자신부터 속이는 거 아니겠니?

나약하게 나 자신부터 속이고 들어가는 버릇, 이제 고만해.

결론은 정해져 있어.

기관 수업, 사교육, 체험, 바깥 먹거리, 미디어,

게임, 스마트폰, 유튜브 등드르등등

좌변에 뭘 갖다 넣어도 우변은 결국 '꽝!'으로 귀결되는

지랄 맞은 함수가 결국 육아인 게야.

뭘 더 많이 시키는 것보다 해로운 것들로부터 내 아이를 보호하는

'총알받이' 역할이 어느 때보다 중한 때라 이 말이야.

정신 살짝 놓으면 다 털린다.

뭐가 문제고, 뭐가 장애물이고, 뭐가 방해꾼인지,

매일 거실에 빵빵 틀어져 있는 TV 때문인지,

궁둥이 무거워서 못 움직이는 귀차니즘 때문인지,

사는 중인 걸 하는 중이라 착각하는 소비 습관 때문인지,

스스로 생각하고 찾아내고 이거구나! 깨달으면

그때부터 제대로 가는 거다.

그래, 오늘부터, 지금부터 시작이다.

1	2	3	4
5	6	7	8
9	10	11	12

○ **1달 1전집 들이기**

○ _____

○ _____

○ _____

○ _____

○ _____

○ _____

○ _____

○ _____

Sun	Mon	Tue

Wed	Thu	Fri	Sat

DATE

○ 한글책 읽기
○ 영어책 읽기
○ 엄마책 읽기
○ 집중 듣기
○ 흘려 듣기
○ 집밥 해 먹기
○ 실컷 놀기

DATE

○ 한글책 읽기
○ 영어책 읽기
○ 엄마책 읽기
○ 집중 듣기
○ 흘려 듣기
○ 집밥 해 먹기
○ 실컷 놀기

DATE

○ 한글책 읽기
○ 영어책 읽기
○ 엄마책 읽기
○ 집중 듣기
○ 흘려 듣기
○ 집밥 해 먹기
○ 실컷 놀기

글책 읽기
책 읽기
책 읽기
듣기
듣기
해 먹기
놀기

글책 읽기
책 읽기
책 읽기
듣기
듣기
해 먹기
놀기

글책 읽기
책 읽기
책 읽기
듣기
듣기
해 먹기
놀기

DATE

○ 한글책 읽기
○ 영어책 읽기
○ 엄마책 읽기
○ 집중 듣기
○ 흘려 듣기
○ 집밥 해 먹기
○ 실컷 놀기

DATE

○ 한글책 읽기
○ 영어책 읽기
○ 엄마책 읽기
○ 집중 듣기
○ 흘려 듣기
○ 집밥 해 먹기
○ 실컷 놀기

DATE

○ 한글책 읽기
○ 영어책 읽기
○ 엄마책 읽기
○ 집중 듣기
○ 흘려 듣기
○ 집밥 해 먹기
○ 실컷 놀기

글책 읽기
어책 읽기
마책 읽기
중 듣기
려 듣기
밥 해 먹기
것 놀기

글책 읽기
어책 읽기
마책 읽기
중 듣기
려 듣기
밥 해 먹기
것 놀기

글책 읽기
어책 읽기
마책 읽기
중 듣기
려 듣기
밥 해 먹기
것 놀기

DATE

- ○ 한글책 읽기
- ○ 영어책 읽기
- ○ 엄마책 읽기
- ○ 집중 듣기
- ○ 흘려 듣기
- ○ 집밥 해 먹기
- ○ 실컷 놀기

DATE

- ○ 한글책 읽기
- ○ 영어책 읽기
- ○ 엄마책 읽기
- ○ 집중 듣기
- ○ 흘려 듣기
- ○ 집밥 해 먹기
- ○ 실컷 놀기

DATE

- ○ 한글책 읽기
- ○ 영어책 읽기
- ○ 엄마책 읽기
- ○ 집중 듣기
- ○ 흘려 듣기
- ○ 집밥 해 먹기
- ○ 실컷 놀기

글책 읽기
거책 읽기
가책 읽기
중 듣기
셔 듣기
밥 해 먹기
것 놀기

글책 읽기
ㅣ책 읽기
ㅏ책 읽기
중 듣기
셔 듣기
밥 해 먹기
것 놀기

글책 읽기
ㅓ책 읽기
ㅏ책 읽기
중 듣기
셔 듣기
밥 해 먹기
것 놀기

DATE

○ **한글책 읽기**
○ **영어책 읽기**
○ **엄마책 읽기**
○ **집중 듣기**
○ **흘려 듣기**
○ **집밥 해 먹기**
○ **실컷 놀기**

DATE

○ **한글책 읽기**
○ **영어책 읽기**
○ **엄마책 읽기**
○ **집중 듣기**
○ **흘려 듣기**
○ **집밥 해 먹기**
○ **실컷 놀기**

DATE

○ **한글책 읽기**
○ **영어책 읽기**
○ **엄마책 읽기**
○ **집중 듣기**
○ **흘려 듣기**
○ **집밥 해 먹기**
○ **실컷 놀기**

글책 읽기
어책 읽기
가책 읽기
중 듣기
며 듣기
밥 해 먹기
것 놀기

글책 읽기
어책 읽기
가책 읽기
중 듣기
겨 듣기
밥 해 먹기
것 놀기

글책 읽기
어책 읽기
가책 읽기
중 듣기
며 듣기
밥 해 먹기
것 놀기

○ 한글책 읽기
○ 영어책 읽기
○ 엄마책 읽기
○ 집중 듣기
○ 흘려 듣기
○ 집밥 해 먹기
○ 실컷 놀기

○ 한글책 읽기
○ 영어책 읽기
○ 엄마책 읽기
○ 집중 듣기
○ 흘려 듣기
○ 집밥 해 먹기
○ 실컷 놀기

○ 한글책 읽기
○ 영어책 읽기
○ 엄마책 읽기
○ 집중 듣기
○ 흘려 듣기
○ 집밥 해 먹기
○ 실컷 놀기

글책 읽기
서책 읽기
가책 읽기
중 듣기
져 듣기
밥 해 먹기
벗 놀기

글책 읽기
서책 읽기
가책 읽기
중 듣기
져 듣기
밥 해 먹기
벗 놀기

글책 읽기
서책 읽기
가책 읽기
중 듣기
져 듣기
밥 해 먹기
벗 놀기

- ○ 한글책 읽기
- ○ 영어책 읽기
- ○ 엄마책 읽기
- ○ 집중 듣기
- ○ 흘려 듣기
- ○ 집밥 해 먹기
- ○ 실컷 놀기

- ○ 한글책 읽기
- ○ 영어책 읽기
- ○ 엄마책 읽기
- ○ 집중 듣기
- ○ 흘려 듣기
- ○ 집밥 해 먹기
- ○ 실컷 놀기

- ○ 한글책 읽기
- ○ 영어책 읽기
- ○ 엄마책 읽기
- ○ 집중 듣기
- ○ 흘려 듣기
- ○ 집밥 해 먹기
- ○ 실컷 놀기

"깨달았으면 치우고,
잘못됐으면 멈춰야지"

장애물
걷어차기

**장애물
한방에
걷어차는
의식 전환**

반평생 'TV 중독녀'로 살아온 내가 TV 선을 뽑아버린 이유?

한국 드라마로도 모자라 미드까지 밤새 처보다가

피곤해 죽겠다고 죄 없는 애 잡고, 육아 힘들다고 신세 한탄했던 세월…

어느 날 갑자기 이건 아니다, 내 인생 남는 것 하나 없겠다는 깨달음.

밤새 가슴을 쥐어뜯다가 다음날 TV 선을 확 뽑아버렸다. 가차 없이.

그랬더니 어머나, 시간이 왜 이렇게 많이 남아?

아예 안 나온다고 생각하니까 보고 싶은 생각조차 안 드네.

이후 TV가 켜져 있지 않은 아침이 얼마나 평화롭고 우아한지 알게 됐고,

TV 없는 무료함을 아이 스스로 머리 쓰고 몸 굴려 채워나간다는

놀라운 사실도 알게 됐다.

스마트폰 역시 마찬가지야.

아이와 나의 교감의 시간은 물론이거니와

아이 책, 엄마 책으로 푹 빠지는 집중·몰입의 시간을

까똑! 까똑!으로 끊어 먹고 잘라 먹고 빼앗아 가는 악랄함에 치를 떤 후

바로 지워버렸어.

아이가 날 향해 다가올 때 하던 설거지, 걸레질도 딱 멈추고 놀아줘야 하거늘,

TV에 밀리고 컴터질에 밀리고 이젠 스마트폰에 밀려버린

그 어린 영혼의 허전한 마음은 생각해봤어?

아무리 기다려도, 매달려도 오지 않는 애미의 눈빛에 지쳐버리면

이후 세상 누군가의 부름에도 무덤덤한

차가운 눈빛의 아이로 커버리는 거 자명한 거 아니겠냐고?

절제력 제로라서
접근조차 못하게 없애는 거야

소비 육아는 또 어떻고?

육아템 검색하고, 비교하고, 후기 읽고,

마케팅, 뒷광고 영상들을 훑고 있는 걸

'육아하고 있다' 착각하는 엄마들, 무지 많다.

그건 '사는' 거지 '하는' 게 아니거든.

구입과 연관된 자잘한 시간들로 너의 하루를 채우고 있다는 생각, 안 드니?

진정한 '육아'로 채워져야 할 시간이

'소비'로 설렁설렁 때워지고 있다는 생각, 안 해봤어?

그거 빨리 깨닫고 딱 끊고 의미 없는 소비질 안 하고

없는 대로, 빈 대로, 휑한 대로의 공간과 시간을 누리는 엄마가

이기는 게임이야, 이거.

내 장점이 귀 얇고 손 빠르고 깊이 빠져드는데, 일단 깨달으면 바로 끊어.

절제력 제로인 걸 너무도 잘 알아서 접근조차 못 하게 없애버리는 거지.

이제 깨달았으면 치우고, 잘못됐으면 멈추고,

육아 장애물들 죄다 걷어차고 제대로 '하는' 거다.

그럼 육아도 새 국면을 맞이한다. 새 세상이 열릴 거다.

1 2 3 4
5 6 7 8
9 10 11 12

○ 1달 1전집 들이기

○ _____

○ _____

○ _____

○ _____

○ _____

○ _____

○ _____

○ _____

Sun	Mon	Tue

Wed	Thu	Fri	Sat

DATE

○ 한글책 읽기
○ 영어책 읽기
○ 엄마책 읽기
○ 집중 듣기
○ 흘려 듣기
○ 집밥 해 먹기
○ 실컷 놀기

DATE

○ 한글책 읽기
○ 영어책 읽기
○ 엄마책 읽기
○ 집중 듣기
○ 흘려 듣기
○ 집밥 해 먹기
○ 실컷 놀기

DATE

○ 한글책 읽기
○ 영어책 읽기
○ 엄마책 읽기
○ 집중 듣기
○ 흘려 듣기
○ 집밥 해 먹기
○ 실컷 놀기

글책 읽기
거책 읽기
가책 읽기
중 듣기
려 듣기
밥 해 먹기
벗 놀기

글책 읽기
어책 읽기
아책 읽기
중 듣기
려 듣기
밥 해 먹기
벗 놀기

글책 읽기
어책 읽기
아책 읽기
중 듣기
려 듣기
밥 해 먹기
벗 놀기

DATE

○ 한글책 읽기
○ 영어책 읽기
○ 엄마책 읽기
○ 집중 듣기
○ 흘려 듣기
○ 집밥 해 먹기
○ 실컷 놀기

DATE

○ 한글책 읽기
○ 영어책 읽기
○ 엄마책 읽기
○ 집중 듣기
○ 흘려 듣기
○ 집밥 해 먹기
○ 실컷 놀기

DATE

○ 한글책 읽기
○ 영어책 읽기
○ 엄마책 읽기
○ 집중 듣기
○ 흘려 듣기
○ 집밥 해 먹기
○ 실컷 놀기

책 읽기
책 읽기
책 읽기
듣기
듣기
해 먹기
놀기

책 읽기
책 읽기
책 읽기
듣기
듣기
해 먹기
놀기

책 읽기
책 읽기
책 읽기
듣기
듣기
해 먹기
놀기

DATE

- ○ 한글책 읽기
- ○ 영어책 읽기
- ○ 엄마책 읽기
- ○ 집중 듣기
- ○ 흘려 듣기
- ○ 집밥 해 먹기
- ○ 실컷 놀기

DATE

- ○ 한글책 읽기
- ○ 영어책 읽기
- ○ 엄마책 읽기
- ○ 집중 듣기
- ○ 흘려 듣기
- ○ 집밥 해 먹기
- ○ 실컷 놀기

DATE

- ○ 한글책 읽기
- ○ 영어책 읽기
- ○ 엄마책 읽기
- ○ 집중 듣기
- ○ 흘려 듣기
- ○ 집밥 해 먹기
- ○ 실컷 놀기

책 읽기
책 읽기
책 읽기
듣기
듣기
해 먹기
놀기

책 읽기
책 읽기
책 읽기
듣기
듣기
해 먹기
놀기

책 읽기
책 읽기
책 읽기
듣기
듣기
해 먹기
놀기

DATE

○ 한글책 읽기
○ 영어책 읽기
○ 엄마책 읽기
○ 집중 듣기
○ 흘려 듣기
○ 집밥 해 먹기
○ 실컷 놀기

DATE

○ 한글책 읽기
○ 영어책 읽기
○ 엄마책 읽기
○ 집중 듣기
○ 흘려 듣기
○ 집밥 해 먹기
○ 실컷 놀기

DATE

○ 한글책 읽기
○ 영어책 읽기
○ 엄마책 읽기
○ 집중 듣기
○ 흘려 듣기
○ 집밥 해 먹기
○ 실컷 놀기

책 읽기
책 읽기
책 읽기
듣기
듣기
해 먹기
놀기

책 읽기
책 읽기
책 읽기
듣기
듣기
해 먹기
놀기

책 읽기
책 읽기
책 읽기
듣기
듣기
해 먹기
놀기

DATE

○ 한글책 읽기
○ 영어책 읽기
○ 엄마책 읽기
○ 집중 듣기
○ 흘려 듣기
○ 집밥 해 먹기
○ 실컷 놀기

DATE

○ 한글책 읽기
○ 영어책 읽기
○ 엄마책 읽기
○ 집중 듣기
○ 흘려 듣기
○ 집밥 해 먹기
○ 실컷 놀기

DATE

○ 한글책 읽기
○ 영어책 읽기
○ 엄마책 읽기
○ 집중 듣기
○ 흘려 듣기
○ 집밥 해 먹기
○ 실컷 놀기

책 읽기
책 읽기
책 읽기
듣기
듣기
해 먹기
놀기

책 읽기
책 읽기
책 읽기
듣기
듣기
해 먹기
놀기

책 읽기
책 읽기
책 읽기
듣기
듣기
해 먹기
놀기

DATE

- ○ 한글책 읽기
- ○ 영어책 읽기
- ○ 엄마책 읽기
- ○ 집중 듣기
- ○ 흘려 듣기
- ○ 집밥 해 먹기
- ○ 실컷 놀기

DATE

- ○ 한글책 읽기
- ○ 영어책 읽기
- ○ 엄마책 읽기
- ○ 집중 듣기
- ○ 흘려 듣기
- ○ 집밥 해 먹기
- ○ 실컷 놀기

DATE

- ○ 한글책 읽기
- ○ 영어책 읽기
- ○ 엄마책 읽기
- ○ 집중 듣기
- ○ 흘려 듣기
- ○ 집밥 해 먹기
- ○ 실컷 놀기

"우리집이
내 아이에 최적화된
학교, 수련장이 되도록"

3단계

환경
조성하기

**엄마표 영어
+ 책육아
최적의 환경**

결국 육아는 '환경의 게임'이다.

얼마나 편한 환경을 구성해 놓느냐가 관건이다.

집에 재미있는 전집 몇 질 없고, TV가 항상 켜져 있고,

시기 지난 장난감들이 널브러져 있다면, 책 좋아하는 아이로 절대 클 수 없다.

'무슨' 책을 사느냐보다 더 중요한 건 책을 '어디에' 꽂아두느냐거든.

저 멀리 애 방에, 안방에 꽂아놓아서는 아이가 책과 친해지기 어렵다.

대한민국 대표 귀차니스트이자 피고니스트로서 말하건대

엄마와 아이가 가장 많이 생활하는 공간인 거실에

거의 모든 책이 나와 있어야 한다.

즉, 'Living-room'은 곧 'Reading-room'이어야 한다!

그래야 애가 생활 속에서 뜬금없이 책을 빼서 읽는다.

책육아를 위해 꼭 지켜야 할 미션, 1달 1전집 들이기!

따로따로 단행본으로 사는 것보다 가계 부담도 덜고,

어떤 책을 좋아할지 모르는 아이가

스스로 고를 수 있는 선택권도 키워줄 수 있다.

어떤 달은 한글전집, 어떤 달은 영어전집을 부지런히 들여서

항상 환장하게 재밌는 수천 권의 책이 집에 찰랑찰랑 차 있어야 한다.

거실 벽면 양쪽으로 책장이 있고, 중앙에 영어 DVD 플레이용 TV가 있는 구성.

'책육아 + 엄마표 영어' 환경으로 가장 추천하는 레이아웃이다.

책육아 필수 미션,
1달 1전집 들이기!

게으르고 피곤한 나에게
맞춰진 심플한 환경!

그래야 놀다가 책 보다가 그림 그리다 먹다가 영어 DVD 보다가
거실에 이불 깔고 책 읽다가 고대로 잠든다.
이 방 저 방 왔다 갔다 하며 이동하질 않으니 최소 동선으로
낭비되는 시간도 거의 없고, 치울 일도 최소화할 수 있다.
특히 엄마표 영어는 집에 자연스러운 영어 노출 환경을
만들어주는 게 관건이다.
절대적으로 많은 양의 영어책을 수시로 읽어줘서 양을 채워야 하고,
생활 속에서 시시때때로 '흘려 듣기' 할 수 있도록 해야 한다.
또 8세 이후부터 하루 10분 이상 '집중 듣기'는 필수!
단, 집중 듣기이지, 집중 읽기나 집중 해석이나 집중 반복이 아니라는 거!
CD 소리 들으며 눈이 책의 문장만 따라가면 되는 거다.
이렇게 책과 영어가 공기가 되도록 환경을 갖춰놓으면 나머지는 저절로 된다.
'게을러지지 말자. 부지런해지자. 흔들리지 말자. 미루지 말자.'
냉장고 앞에 붙이고 수백 번 다짐하면 뭐하나?
차라리 '난 게으르다. 난 피곤하다. 난 귀찮다. 난 우유부단하다.'라고
쓰고, 그런 나에게 맞춰 환경을 재구성하라.
게으르고 피곤한 나에게 맞춰진 심플한 환경!
엄마의 역할은 매니저가 아닌 '환경 구성가'임을 가슴 깊이 새겨라!

		1	2	3	4
		5	6	7	8
		9	10	11	12

○ **1달 1전집 들이기**

○ _____

○ _____

○ _____

○ _____

○ _____

○ _____

○ _____

○ _____

Sun	Mon	Tue

Wed	Thu	Fri	Sat

DATE

○ 한글책 읽기
○ 영어책 읽기
○ 엄마책 읽기
○ 집중 듣기
○ 흘려 듣기
○ 집밥 해 먹기
○ 실컷 놀기

DATE

○ 한글책 읽기
○ 영어책 읽기
○ 엄마책 읽기
○ 집중 듣기
○ 흘려 듣기
○ 집밥 해 먹기
○ 실컷 놀기

DATE

○ 한글책 읽기
○ 영어책 읽기
○ 엄마책 읽기
○ 집중 듣기
○ 흘려 듣기
○ 집밥 해 먹기
○ 실컷 놀기

책 읽기

책 읽기

책 읽기

듣기

듣기

해 먹기

놀기

책 읽기

책 읽기

책 읽기

듣기

듣기

해 먹기

놀기

책 읽기

책 읽기

책 읽기

듣기

듣기

해 먹기

놀기

DATE

○ **한글책 읽기**
○ **영어책 읽기**
○ **엄마책 읽기**
○ **집중 듣기**
○ **흘려 듣기**
○ **집밥 해 먹기**
○ **실컷 놀기**

DATE

○ **한글책 읽기**
○ **영어책 읽기**
○ **엄마책 읽기**
○ **집중 듣기**
○ **흘려 듣기**
○ **집밥 해 먹기**
○ **실컷 놀기**

DATE

○ **한글책 읽기**
○ **영어책 읽기**
○ **엄마책 읽기**
○ **집중 듣기**
○ **흘려 듣기**
○ **집밥 해 먹기**
○ **실컷 놀기**

책 읽기
책 읽기
책 읽기
듣기
듣기
해 먹기
놀기

책 읽기
책 읽기
책 읽기
듣기
듣기
해 먹기
놀기

책 읽기
책 읽기
책 읽기
듣기
듣기
해 먹기
놀기

DATE

○ 한글책 읽기
○ 영어책 읽기
○ 엄마책 읽기
○ 집중 듣기
○ 흘려 듣기
○ 집밥 해 먹기
○ 실컷 놀기

DATE

○ 한글책 읽기
○ 영어책 읽기
○ 엄마책 읽기
○ 집중 듣기
○ 흘려 듣기
○ 집밥 해 먹기
○ 실컷 놀기

DATE

○ 한글책 읽기
○ 영어책 읽기
○ 엄마책 읽기
○ 집중 듣기
○ 흘려 듣기
○ 집밥 해 먹기
○ 실컷 놀기

책 읽기
책 읽기
책 읽기
듣기
듣기
해 먹기
놀기

책 읽기
책 읽기
책 읽기
듣기
듣기
해 먹기
놀기

책 읽기
책 읽기
책 읽기
듣기
듣기
해 먹기
놀기

DATE

○ 한글책 읽기
○ 영어책 읽기
○ 엄마책 읽기
○ 집중 듣기
○ 흘려 듣기
○ 집밥 해 먹기
○ 실컷 놀기

DATE

○ 한글책 읽기
○ 영어책 읽기
○ 엄마책 읽기
○ 집중 듣기
○ 흘려 듣기
○ 집밥 해 먹기
○ 실컷 놀기

DATE

○ 한글책 읽기
○ 영어책 읽기
○ 엄마책 읽기
○ 집중 듣기
○ 흘려 듣기
○ 집밥 해 먹기
○ 실컷 놀기

책 읽기
책 읽기
책 읽기
듣기
듣기
해 먹기
놀기

책 읽기
책 읽기
책 읽기
듣기
듣기
해 먹기
놀기

책 읽기
책 읽기
책 읽기
듣기
듣기
해 먹기
놀기

DATE

○ **한글책 읽기**
○ **영어책 읽기**
○ **엄마책 읽기**
○ **집중 듣기**
○ **흘려 듣기**
○ **집밥 해 먹기**
○ **실컷 놀기**

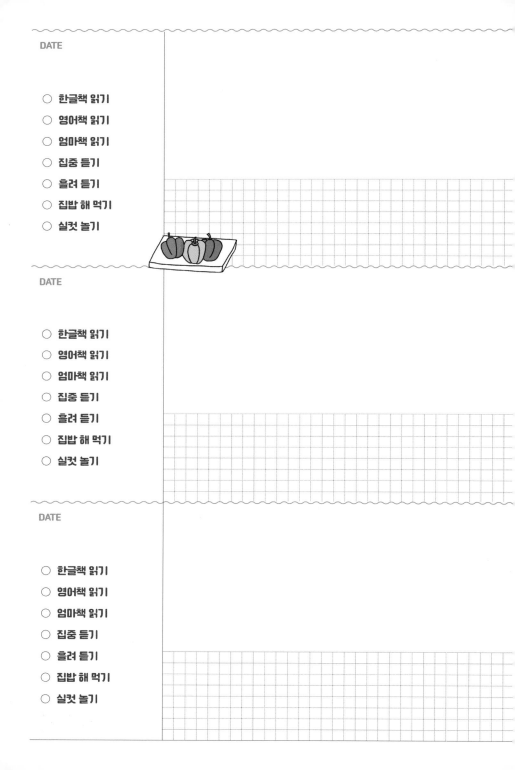

DATE

○ **한글책 읽기**
○ **영어책 읽기**
○ **엄마책 읽기**
○ **집중 듣기**
○ **흘려 듣기**
○ **집밥 해 먹기**
○ **실컷 놀기**

DATE

○ **한글책 읽기**
○ **영어책 읽기**
○ **엄마책 읽기**
○ **집중 듣기**
○ **흘려 듣기**
○ **집밥 해 먹기**
○ **실컷 놀기**

책 읽기
책 읽기
책 읽기
듣기
듣기
해 먹기
놀기

책 읽기
책 읽기
책 읽기
듣기
듣기
해 먹기
놀기

책 읽기
책 읽기
책 읽기
듣기
듣기
해 먹기
놀기

○ 한글책 읽기
○ 영어책 읽기
○ 엄마책 읽기
○ 집중 듣기
○ 흘려 듣기
○ 집밥 해 먹기
○ 실컷 놀기

○ 한글책 읽기
○ 영어책 읽기
○ 엄마책 읽기
○ 집중 듣기
○ 흘려 듣기
○ 집밥 해 먹기
○ 실컷 놀기

○ 한글책 읽기
○ 영어책 읽기
○ 엄마책 읽기
○ 집중 듣기
○ 흘려 듣기
○ 집밥 해 먹기
○ 실컷 놀기

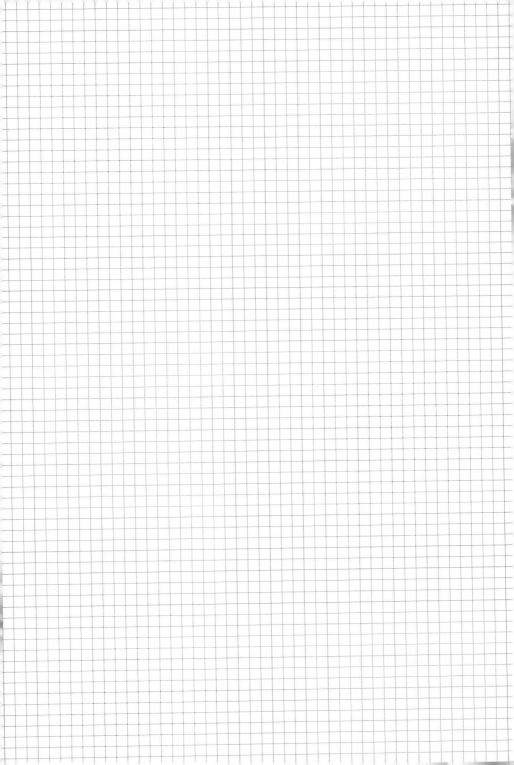

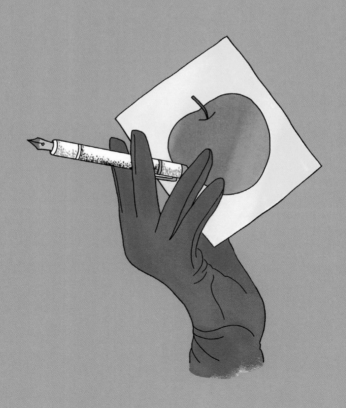

" '존심'은
정의 앞에서나 세워.
아이 앞이 아니라"

4단계

반성·
사과하기

훈육보다
중요한
엄마의
사과 편지

가끔 이웃들, 팬들이 묻는다. "어쩜 그리 글을 잘 써요?"

"애한테 지은 죄가 너무 많아서 하도 많은 사과 편지를

쓰다 보니 어쩌다가…" 이게 내 답이다.

중1 하은이한테 쓴 사과 편지 좀 보여줘?

"여전히 미치도록 사랑스러운 내 딸 하은이에게.

엄마는 이 새벽에 잠이 안 온다. 새벽 4시 30분. 해 뜨겠다.

어제 많이 울어서 하은이 눈 많이 부을 텐데, 아유 미안해라.

노래방 간 게 뭐라고 그리 애를 울렸나.

놀다 보면 시간 깜박하고 늦을 수도 있는 게 아이지.

쫌만 참으면 되는데 소리를 빽빽 지르고,

울고 있는 애 안아주지도 않고 휙 돌아 나와버렸냐.

얼마나 놀라고 무섭고 외로웠겠어.

안 그래도 지도 깜박하고 연락 못한 거 미안해하고 있을 건데."

도입부가 이 정도고 빼곡하게 두 장을 썼더라.

하, 믿고 따르던 육아 롤모델이라는 선배 인간이 쯧쯧…

으음, 아직 다 판단해버리지 마. 진짜 실망하기는 아직 일러. 택도 없다고.

저것보다 훨씬 더 심한 자책 편지들이 수두룩하니까.

"생각만 해도 눈물이 핑~ 돌 정도로 사랑스럽고 예쁜 내 딸 하은아.

어제 왜 내가 그런 모진 말을 해서 너의 입에서, 고개 푹 숙인 채로

'엄마 미안해. 자기 관리도 잘 못해서…' 그런 말을 하게 했을까.

정작 자기 관리 못해 수시로 무너지고 감정의 끈 놔버리는 게 바로 난데.

어제도 네 잘못 하나 없어. 순전히 내 기분 탓이었어. 정말 미안해.

용서해줘. 엄마 다시 태어날게. - 불사조 선미 엄마가"

신경질 내고 짜증내는 거지 그게 어디 훈육이냐?

허 참, 이건 그로부터 3년 후다. 여자여~
'모진 말'이라는 있어 뵈는 한 단어로 그 전날의 파렴치하기 그지없는
추악하고 잔인한 말들을 퉁~치려 하면 안 되지. 잡혀가지. 어디서?
그래. 못난 짓 했으면 열심히 머리 조아리고 미안하다 사과하고 편지 써줘.
엄마 때문에 애 마음에 스크래치 난 거 그냥 냅두고 일상에 젖어 들면
애는 아무렇지 않게 잘 노는 것처럼 뵈지만 그거 다 상처로 남아.
훗날 좌절로 체념으로 무기력으로 혹은 폭력이나 반항, 괴롭힘,
학습장애 등으로 결국 삐져나와.
밤새 울며불며 써내려간 사과 편지와 일기가 모이고 모여
세상에 나온 게 바로 내 책《불량육아》《군대육아》《십팔년 책육아》다.
나 그리 애한테 싹싹 빌고, 무릎 꿇고, 엄마 한 대 때려~ '퍽!' 했어도
손바닥 지문 아직 선명하고, 도가니 안 나갔고, 머리통 안 터졌다.
도리어 나랑 애 '찐사랑 & 찐우정 & 찐의리 & 찐전우애' 장난 아니다.
뭐? 애가 잘못해서 혼낸 거라고?
신경질 내고 짜증내는 거지 그게 어디 훈육이냐?
꼭 반성하고 사과해라. 삐졌던 애 큭큭 거릴 때까지!
'존심'은 정의 앞에서 세우는 걸로! 아이 앞이 아니라!

1 2 3 4
5 6 7 8
9 10 11 12

○ 1달 1전집 들이기

○ _____

○ _____

○ _____

○ _____

○ _____

○ _____

○ _____

○ _____

Sun	Mon	Tue

Wed	Thu	Fri	Sat

DATE

- ○ 한글책 읽기
- ○ 영어책 읽기
- ○ 엄마책 읽기
- ○ 집중 듣기
- ○ 흘려 듣기
- ○ 집밥 해 먹기
- ○ 실컷 놀기

DATE

- ○ 한글책 읽기
- ○ 영어책 읽기
- ○ 엄마책 읽기
- ○ 집중 듣기
- ○ 흘려 듣기
- ○ 집밥 해 먹기
- ○ 실컷 놀기

DATE

- ○ 한글책 읽기
- ○ 영어책 읽기
- ○ 엄마책 읽기
- ○ 집중 듣기
- ○ 흘려 듣기
- ○ 집밥 해 먹기
- ○ 실컷 놀기

책 읽기
책 읽기
책 읽기
듣기
듣기
해 먹기
놀기

책 읽기
책 읽기
책 읽기
듣기
듣기
해 먹기
놀기

책 읽기
책 읽기
책 읽기
듣기
듣기
해 먹기
놀기

○ 한글책 읽기
○ 영어책 읽기
○ 엄마책 읽기
○ 집중 듣기
○ 흘려 듣기
○ 집밥 해 먹기
○ 실컷 놀기

○ 한글책 읽기
○ 영어책 읽기
○ 엄마책 읽기
○ 집중 듣기
○ 흘려 듣기
○ 집밥 해 먹기
○ 실컷 놀기

○ 한글책 읽기
○ 영어책 읽기
○ 엄마책 읽기
○ 집중 듣기
○ 흘려 듣기
○ 집밥 해 먹기
○ 실컷 놀기

책 읽기
책 읽기
책 읽기
듣기
듣기
해 먹기
놀기

책 읽기
책 읽기
책 읽기
듣기
듣기
해 먹기
놀기

책 읽기
책 읽기
책 읽기
듣기
듣기
해 먹기
놀기

DATE

○ 한글책 읽기
○ 영어책 읽기
○ 엄마책 읽기
○ 집중 듣기
○ 흘려 듣기
○ 집밥 해 먹기
○ 실컷 놀기

DATE

○ 한글책 읽기
○ 영어책 읽기
○ 엄마책 읽기
○ 집중 듣기
○ 흘려 듣기
○ 집밥 해 먹기
○ 실컷 놀기

DATE

○ 한글책 읽기
○ 영어책 읽기
○ 엄마책 읽기
○ 집중 듣기
○ 흘려 듣기
○ 집밥 해 먹기
○ 실컷 놀기

책 읽기
책 읽기
책 읽기
듣기
듣기
해 먹기
놀기

책 읽기
책 읽기
책 읽기
듣기
듣기
해 먹기
놀기

책 읽기
책 읽기
책 읽기
듣기
듣기
해 먹기
놀기

DATE

○ 한글책 읽기
○ 영어책 읽기
○ 엄마책 읽기
○ 집중 듣기
○ 흘려 듣기
○ 집밥 해 먹기
○ 실컷 놀기

DATE

○ 한글책 읽기
○ 영어책 읽기
○ 엄마책 읽기
○ 집중 듣기
○ 흘려 듣기
○ 집밥 해 먹기
○ 실컷 놀기

DATE

○ 한글책 읽기
○ 영어책 읽기
○ 엄마책 읽기
○ 집중 듣기
○ 흘려 듣기
○ 집밥 해 먹기
○ 실컷 놀기

책 읽기
책 읽기
책 읽기
듣기
듣기
해 먹기
놀기

책 읽기
책 읽기
책 읽기
듣기
듣기
해 먹기
놀기

책 읽기
책 읽기
책 읽기
듣기
듣기
해 먹기
놀기

○ 한글책 읽기
○ 영어책 읽기
○ 엄마책 읽기
○ 집중 듣기
○ 흘려 듣기
○ 집밥 해 먹기
○ 실컷 놀기

○ 한글책 읽기
○ 영어책 읽기
○ 엄마책 읽기
○ 집중 듣기
○ 흘려 듣기
○ 집밥 해 먹기
○ 실컷 놀기

○ 한글책 읽기
○ 영어책 읽기
○ 엄마책 읽기
○ 집중 듣기
○ 흘려 듣기
○ 집밥 해 먹기
○ 실컷 놀기

책 읽기
책 읽기
책 읽기
듣기
듣기
해 먹기
놀기

책 읽기
책 읽기
책 읽기
듣기
듣기
해 먹기
놀기

책 읽기
책 읽기
책 읽기
듣기
듣기
해 먹기
놀기

○ 한글책 읽기
○ 영어책 읽기
○ 엄마책 읽기
○ 집중 듣기
○ 흘려 듣기
○ 집밥 해 먹기
○ 실컷 놀기

○ 한글책 읽기
○ 영어책 읽기
○ 엄마책 읽기
○ 집중 듣기
○ 흘려 듣기
○ 집밥 해 먹기
○ 실컷 놀기

○ 한글책 읽기
○ 영어책 읽기
○ 엄마책 읽기
○ 집중 듣기
○ 흘려 듣기
○ 집밥 해 먹기
○ 실컷 놀기

"지금의 내 아이,
있는 그대로를
인정해줘"

인정·
허용하기

긍정성과
둔감력의
비밀

10대 하은이의 대표적인 특징, 무지 둔감해.

때론 쟤가 정말 생각이 있는 애야 없는 애야 싶고,

뭘 신경을 잘 안 써. 휘둘리는 것도 별로 없고.

애기 땐 허구헌날 뻑하면 악을 악을 쓰며 울어쌌드만

크면서 울음도 짧아지고 기분 전환도 획획 잘만 하는 게

무지 이상해. 아주 이상해. 날 닮았음 그럴 리가 없는데…

어릴 적 그리 예민하고 기민하고 까칠하고 날 못살게 괴롭히던 애가 말이지

속도 없어, 뱉도 없구. 존심도 없나봐. 그냥 뭐가 다 넘어가져.

걱정·조바심도 없고, 쫄지도 않고, 후회하고 자책하고 되돌리지도 않어.

나라면 밤새 속 끓이고 이불킥 하고 누웠다 인났다 부글부글거릴 일도

드르렁드르렁~ 잘도 자고 잘도 잊어.

서너 살 땐 옷소매에 뭐 쫌만 묻고 젖어도 지랄발광을 하던 애였는데

커서는 뭐가 묻든 젖든 신경도 안 쓰고

드러운 데서도 시끄러운 데서도 뭐든 할 거 다 하는 애로 컸어.

엄마인 나도 아주 그냥 미치도록 부러울 때가 많어.

"걱정마" "괜찮아" "아 몰라" "알 게 뭐야?"

그러고는 툭! 무심하게 지 할 일에 곧바로 빠져드는 일상, AI냐?

**실컷 울게 했고, 짜증내게 했고,
지랄 떨게 했다**

내 품에서 크긴 컸는데 참말로 요상하고 신묘한

요 아이의 생각 시스템을 관찰하면서 엄마로서 느끼는 게 참 많았다.

100%는 아니었겠지만, 내 품에서 지 하고 싶은 것 원 없이 하게 했고,

실컷 울게 했고, 짜증내게 했고, 지랄 떨게 했다.

팩~ 토라지고 눈 흘기는 거 툴툴대면서라도 다 받아주는 게

아이의 긴 인생을 놓고 볼 때 너무너무 중요하다는 거다.

그러니까 산만·까칠·예민이 엄마들도 아이 기질 차이 문제 삼지 말고

그대로 인정해주고 허용해줘.

단언컨대 '책육아 + 배려 깊은 사랑'으로 크는 아이들은

어린 시절의 미친 예민함까지도 크면서 둔감력으로 승화될 거라 이 말이다.

누누이 말하지 않았냐? 지랄 총량 불변의 법칙!

평생 떨어야 할 지랄의 총량은 정해져 있어.

지금 니 애 고맘때 지랄 못 떨게 하면 딱 엄마 됐을 때,

그 진상짓을 쪼맨한 지 애한테 하고 있을 거라고.

아냐. 상상돼? 끔찍하지? 미치겠지?

그러니 명심하자. 내 대에서 끝내자. 기.필.코!

바야흐로 시국은, 세상은 '아무 생각 없이 일상에 충실하기'가

매우 어렵고도 중요한 때다.

이 강력한 '긍정성'을 탑재한 '둔감함'이

아이의 삶을 한 단계씩 치고 올라갈 때 엄청난 무기로 활용될 것이다. 분명!

○ 1달 1전집 들이기

○ _____

○ _____

○ _____

○ _____

○ _____

○ _____

○ _____

○ _____

Sun	Mon	Tue

Wed	Thu	Fri	Sat

DATE

○ 한글책 읽기
○ 영어책 읽기
○ 엄마책 읽기
○ 집중 듣기
○ 흘려 듣기
○ 집밥 해 먹기
○ 실컷 놀기

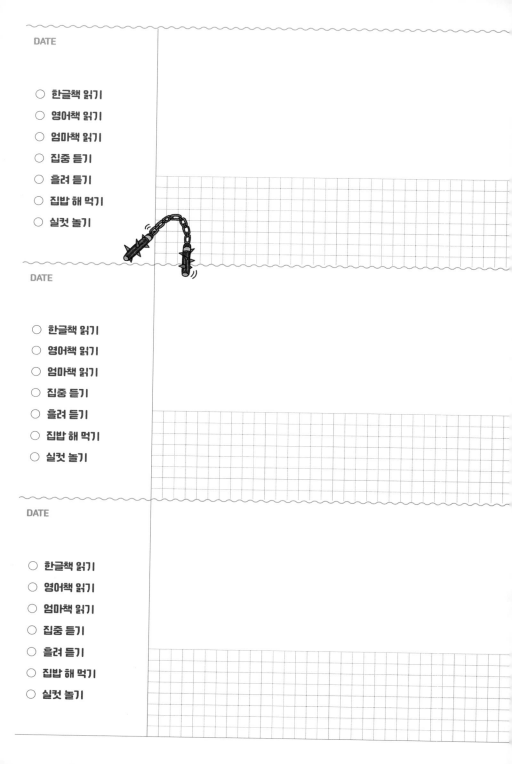

DATE

○ 한글책 읽기
○ 영어책 읽기
○ 엄마책 읽기
○ 집중 듣기
○ 흘려 듣기
○ 집밥 해 먹기
○ 실컷 놀기

DATE

○ 한글책 읽기
○ 영어책 읽기
○ 엄마책 읽기
○ 집중 듣기
○ 흘려 듣기
○ 집밥 해 먹기
○ 실컷 놀기

책 읽기
책 읽기
책 읽기
듣기
듣기
해 먹기
놀기

책 읽기
책 읽기
책 읽기
듣기
듣기
해 먹기
놀기

책 읽기
책 읽기
책 읽기
듣기
듣기
해 먹기
놀기

DATE

○ 한글책 읽기
○ 영어책 읽기
○ 엄마책 읽기
○ 집중 듣기
○ 흘려 듣기
○ 집밥 해 먹기
○ 실컷 놀기

DATE

○ 한글책 읽기
○ 영어책 읽기
○ 엄마책 읽기
○ 집중 듣기
○ 흘려 듣기
○ 집밥 해 먹기
○ 실컷 놀기

DATE

○ 한글책 읽기
○ 영어책 읽기
○ 엄마책 읽기
○ 집중 듣기
○ 흘려 듣기
○ 집밥 해 먹기
○ 실컷 놀기

책 읽기
책 읽기
책 읽기
듣기
듣기
해 먹기
놀기

책 읽기
책 읽기
책 읽기
듣기
듣기
해 먹기
놀기

책 읽기
책 읽기
책 읽기
듣기
듣기
해 먹기
놀기

DATE

○ 한글책 읽기
○ 영어책 읽기
○ 엄마책 읽기
○ 집중 듣기
○ 흘려 듣기
○ 집밥 해 먹기
○ 실컷 놀기

DATE

○ 한글책 읽기
○ 영어책 읽기
○ 엄마책 읽기
○ 집중 듣기
○ 흘려 듣기
○ 집밥 해 먹기
○ 실컷 놀기

DATE

○ 한글책 읽기
○ 영어책 읽기
○ 엄마책 읽기
○ 집중 듣기
○ 흘려 듣기
○ 집밥 해 먹기
○ 실컷 놀기

책 읽기
책 읽기
책 읽기
듣기
듣기
해 먹기
놀기

책 읽기
책 읽기
책 읽기
듣기
듣기
해 먹기
놀기

책 읽기
책 읽기
책 읽기
듣기
듣기
해 먹기
놀기

DATE

- ○ 한글책 읽기
- ○ 영어책 읽기
- ○ 엄마책 읽기
- ○ 집중 듣기
- ○ 흘려 듣기
- ○ 집밥 해 먹기
- ○ 실컷 놀기

DATE

- ○ 한글책 읽기
- ○ 영어책 읽기
- ○ 엄마책 읽기
- ○ 집중 듣기
- ○ 흘려 듣기
- ○ 집밥 해 먹기
- ○ 실컷 놀기

DATE

- ○ 한글책 읽기
- ○ 영어책 읽기
- ○ 엄마책 읽기
- ○ 집중 듣기
- ○ 흘려 듣기
- ○ 집밥 해 먹기
- ○ 실컷 놀기

책 읽기
책 읽기
책 읽기
듣기
듣기
해 먹기
놀기

책 읽기
책 읽기
책 읽기
듣기
듣기
해 먹기
놀기

책 읽기
책 읽기
책 읽기
듣기
듣기
해 먹기
놀기

- ○ 한글책 읽기
- ○ 영어책 읽기
- ○ 엄마책 읽기
- ○ 집중 듣기
- ○ 흘려 듣기
- ○ 집밥 해 먹기
- ○ 실컷 놀기

- ○ 한글책 읽기
- ○ 영어책 읽기
- ○ 엄마책 읽기
- ○ 집중 듣기
- ○ 흘려 듣기
- ○ 집밥 해 먹기
- ○ 실컷 놀기

- ○ 한글책 읽기
- ○ 영어책 읽기
- ○ 엄마책 읽기
- ○ 집중 듣기
- ○ 흘려 듣기
- ○ 집밥 해 먹기
- ○ 실컷 놀기

책 읽기
책 읽기
책 읽기
듣기
듣기
해 먹기
놀기

책 읽기
책 읽기
책 읽기
듣기
듣기
해 먹기
놀기

책 읽기
책 읽기
책 읽기
듣기
듣기
해 먹기
놀기

DATE

- ○ 한글책 읽기
- ○ 영어책 읽기
- ○ 엄마책 읽기
- ○ 집중 듣기
- ○ 흘려 듣기
- ○ 집밥 해 먹기
- ○ 실컷 놀기

DATE

- ○ 한글책 읽기
- ○ 영어책 읽기
- ○ 엄마책 읽기
- ○ 집중 듣기
- ○ 흘려 듣기
- ○ 집밥 해 먹기
- ○ 실컷 놀기

DATE

- ○ 한글책 읽기
- ○ 영어책 읽기
- ○ 엄마책 읽기
- ○ 집중 듣기
- ○ 흘려 듣기
- ○ 집밥 해 먹기
- ○ 실컷 놀기

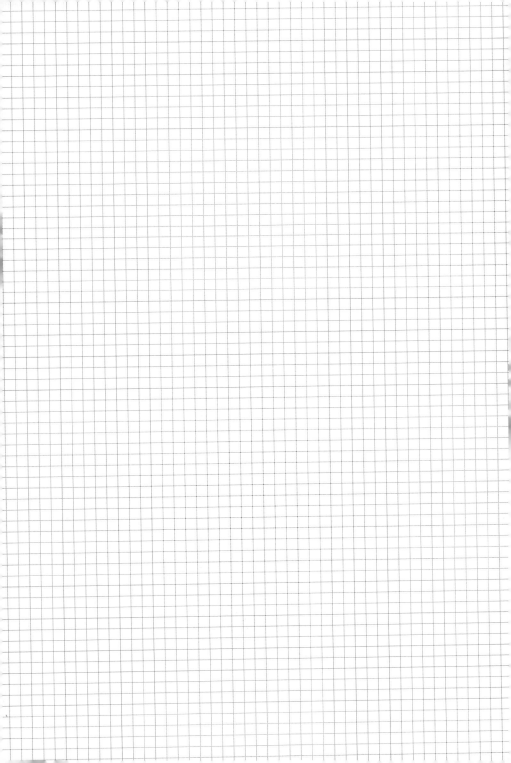

"놀라고
감탄하고
웃어라"

반응·
감탄하기

무한 감탄의
생활화

엄마들은 알 거다. '놀이'에서 '수행'으로 접어드는 그 순간의 곤욕을.

처음 시작할 땐 뭐 나름 옛날 어릴 때 생각도 나고 재밌지.

근데 종이접기, 오리기, 실뜨기 등등 아흔아홉 번쯤 연속으로 하다 보면

손아귀는 마비 상태, 집은 쓰레기 섬, 얼굴은 레고 무표정…

허나 내 마음이 지옥일 때도 입만 열면 터지는 감탄사!

"우와! 멋지다! 세상에! 어므나~ 오 마이 갓~ 어떻게 니가~ 어쩜~ 꺄~"

"하은맘은 워낙 태생이 밝고 활기차고 씩씩해서 그러지,

저는 소심하고 정적이라 그게 잘 안되네여."

뭐라~? 양말 입에 문다. 실시!

감탄이나 칭찬이란 단어는 외계어인 줄만 알고 자란

무서운 아부지, 짜증 가득 어무니 둘째 딸이잖아, 내가.

이런 무한 감탄이 생활화되기까지

내가 을~~매나 오그라들고 이상하고 야릇하고 머쓱했겠냐고.

근데 애가 좋아하잖아.

안 그래도 후지고 지랄 맞은 애미라 미안한 거 투성이인데

반응해주면 애가 얼굴이 찢어질 듯 웃어대면서 "또~ 엄맛 또~~!" 하잖아.

바로 어제 엄마 지랄에 밤새 울다 자놓고도

아침 되면 내 작은 감탄사에 애가 하늘을 날듯이 좋아해.

아호, 이러니 더 미안한 애미는 애가 숨이 넘어갈 때까지

깨방정을 추고 물개박수를 치고

괴물 소리를 내며 허리를 꺾을 수밖에 없었어.

내 작은 감탄사에
애가 하늘을 날듯이 좋아해

어거지로, 미안해서, 애한테 미움받지 않으려고.

활짝 웃을 때 터질 듯한 눈이랑 볼 한 번이라도 더 보려고.

성격을 거스르고, 태생을 거슬러서.

하은이가 세상 밝은 애로 큰 배경엔

좌절과 자책을 딛고 떨어낸 애미의 주접과 깨방정이 있었음을

너흰 절대 잊지 말아야 한다.

노력한다고 다 성공하는 거 당연히 아니지.

근데 또 성공한 사람들 중에 힘들게 노력 안 하고

성공한 사람 단 한 명도 없잖나.

관건은 '좋은 결과'를 만들어내는 노력을 해야 한다는 거지, 영리하게.

놀라고, 감탄하고, 웃어라.

아이의 그 터질 듯한 볼과 기쁨 가득 찬 눈에서

엄마에 대한 사랑을 온몸으로 느껴봐. 매일매일. 조석으로.

그러면서 너도 변하고 밝아지게 될 것이니 기대하고!

놀라움과 감탄이 수시로 튀어나오려면

뿌듯하게 스스로 뭘 잘 해내고 있는 와중이어야 가능한 건, 알고 있지?

1	2	3	4
5	6	7	8
9	10	11	12

○ **1달 1전집 들이기**

○ _____

○ _____

○ _____

○ _____

○ _____

○ _____

○ _____

○ _____

WOW!
AMAZING
NICE

Sun	Mon	Tue

Wed	Thu	Fri	Sat

○ 한글책 읽기
○ 영어책 읽기
○ 엄마책 읽기
○ 집중 듣기
○ 흘려 듣기
○ 집밥 해 먹기
○ 실컷 놀기

○ 한글책 읽기
○ 영어책 읽기
○ 엄마책 읽기
○ 집중 듣기
○ 흘려 듣기
○ 집밥 해 먹기
○ 실컷 놀기

○ 한글책 읽기
○ 영어책 읽기
○ 엄마책 읽기
○ 집중 듣기
○ 흘려 듣기
○ 집밥 해 먹기
○ 실컷 놀기

책 읽기
책 읽기
책 읽기
듣기
듣기
해 먹기
놀기

책 읽기
책 읽기
책 읽기
듣기
듣기
해 먹기
놀기

책 읽기
책 읽기
책 읽기
듣기
듣기
해 먹기
놀기

- ○ 한글책 읽기
- ○ 영어책 읽기
- ○ 엄마책 읽기
- ○ 집중 듣기
- ○ 흘려 듣기
- ○ 집밥 해 먹기
- ○ 실컷 놀기

- ○ 한글책 읽기
- ○ 영어책 읽기
- ○ 엄마책 읽기
- ○ 집중 듣기
- ○ 흘려 듣기
- ○ 집밥 해 먹기
- ○ 실컷 놀기

- ○ 한글책 읽기
- ○ 영어책 읽기
- ○ 엄마책 읽기
- ○ 집중 듣기
- ○ 흘려 듣기
- ○ 집밥 해 먹기
- ○ 실컷 놀기

하은맘 독설 스티커

뒷길 없다

정진해라

애 키우는 거
재수, 삼수는 없다

남의 새끼냐?
내 새끼다

귀신을 속여

정신차려

시끄러~ 이것들아!

내 새끼
눈을 봐

누가 안 해준다

올로 하다가
골로 가

어디서
개수작이야?

오늘 또
안 했어?

하은이 칭찬 스티커

책육아 미션 클리어!

와~ 최고! 최고!

오늘도 예뻐요!

파이팅!

잘하고 있어요 ♥

오늘도 웃어요

참 잘했어요

집밥은 보약

아이가 알고,
세상이 알아요

사랑해! 고마워! 축복해!

책 읽기
책 읽기
책 읽기
듣기
듣기
해 먹기
놀기

책 읽기
책 읽기
책 읽기
듣기
듣기
해 먹기
놀기

책 읽기
책 읽기
책 읽기
듣기
듣기
해 먹기
놀기

- ○ 한글책 읽기
- ○ 영어책 읽기
- ○ 엄마책 읽기
- ○ 집중 듣기
- ○ 흘려 듣기
- ○ 집밥 해 먹기
- ○ 실컷 놀기

- ○ 한글책 읽기
- ○ 영어책 읽기
- ○ 엄마책 읽기
- ○ 집중 듣기
- ○ 흘려 듣기
- ○ 집밥 해 먹기
- ○ 실컷 놀기

- ○ 한글책 읽기
- ○ 영어책 읽기
- ○ 엄마책 읽기
- ○ 집중 듣기
- ○ 흘려 듣기
- ○ 집밥 해 먹기
- ○ 실컷 놀기

책 읽기
책 읽기
책 읽기
듣기
듣기
해 먹기
놀기

책 읽기
책 읽기
책 읽기
듣기
듣기
해 먹기
놀기

책 읽기
책 읽기
책 읽기
듣기
듣기
해 먹기
놀기

DATE

○ 한글책 읽기
○ 영어책 읽기
○ 엄마책 읽기
○ 집중 듣기
○ 흘려 듣기
○ 집밥 해 먹기
○ 실컷 놀기

DATE

○ 한글책 읽기
○ 영어책 읽기
○ 엄마책 읽기
○ 집중 듣기
○ 흘려 듣기
○ 집밥 해 먹기
○ 실컷 놀기

DATE

○ 한글책 읽기
○ 영어책 읽기
○ 엄마책 읽기
○ 집중 듣기
○ 흘려 듣기
○ 집밥 해 먹기
○ 실컷 놀기

책 읽기
책 읽기
책 읽기
듣기
듣기
해 먹기
놀기

책 읽기
책 읽기
책 읽기
듣기
듣기
해 먹기
놀기

책 읽기
책 읽기
책 읽기
듣기
듣기
해 먹기
놀기

DATE

○ 한글책 읽기
○ 영어책 읽기
○ 엄마책 읽기
○ 집중 듣기
○ 흘려 듣기
○ 집밥 해 먹기
○ 실컷 놀기

DATE

○ 한글책 읽기
○ 영어책 읽기
○ 엄마책 읽기
○ 집중 듣기
○ 흘려 듣기
○ 집밥 해 먹기
○ 실컷 놀기

DATE

○ 한글책 읽기
○ 영어책 읽기
○ 엄마책 읽기
○ 집중 듣기
○ 흘려 듣기
○ 집밥 해 먹기
○ 실컷 놀기

책 읽기
책 읽기
책 읽기
듣기
듣기
해 먹기
놀기

책 읽기
책 읽기
책 읽기
듣기
듣기
해 먹기
놀기

책 읽기
책 읽기
책 읽기
듣기
듣기
해 먹기
놀기

DATE

- ○ 한글책 읽기
- ○ 영어책 읽기
- ○ 엄마책 읽기
- ○ 집중 듣기
- ○ 흘려 듣기
- ○ 집밥 해 먹기
- ○ 실컷 놀기

DATE

- ○ 한글책 읽기
- ○ 영어책 읽기
- ○ 엄마책 읽기
- ○ 집중 듣기
- ○ 흘려 듣기
- ○ 집밥 해 먹기
- ○ 실컷 놀기

DATE

- ○ 한글책 읽기
- ○ 영어책 읽기
- ○ 엄마책 읽기
- ○ 집중 듣기
- ○ 흘려 듣기
- ○ 집밥 해 먹기
- ○ 실컷 놀기

"몰라서 못 하냐?
안 하니까 안되는 거다"

'하는' 육아

**수만 번
마음먹기보다
매일
행동하기**

사실 육아의 난제는 '어렵다'기보다 '하기 싫다'에 있다.

하기 귀찮고 짜증나는 거지.

군인들의 병영생활이 어디 어려워서 힘든가. 구리고 짜증나서 힘든 거지.

삽질, 보초, 군장 정리, 행군, 눈사역, 종교 활동 등

사회에서 뭐하다 왔든 군대에선 얄짤 없다.

까라면 까야지, 푸라면 푸고, 치우라면 치우고.

홍수 나면 물 퍼내고, 눈사태 나면 눈 치우고, 유조선 전복되면 기름 닦고,

느닷없이 끌려가서 죽도록 하는데 보수도 거의 없고 야근수당도 없고,

뭐가 달라. 거진 똑같지. 그러니까 군대 육아지.

근데 말이야. 내가 먹이는 대로 몸이 만들어지고,

내가 말하는 대로 평생 언어 습관이 만들어지고,

내가 읽어주는 대로 머리가 만들어지고,

내가 놀아주는 대로 성격이 만들어지고,

내가 반응해주는 대로 감성이 만들어진다는데,

내 소중한 아이를 어찌 그냥 냅둬? 직무유기지. 근무 태만이고.

뭐가 잘 '안되는' 엄마들은 지금 그거 '안 하고' 있는 거다.

그냥 하다 보면 되겠지? 그냥 사고만 있는데 되겠냐?

뭐 언젠간 되지 않을까? 그냥 고민만 하고 앉았는데 되겠냐고?

**뭐가 잘 '안되는' 엄마들은
지금 그거 '안 하고' 있는 거다**

갈등을 집어치우고
지금 행동해야지

환경 조성, 루틴 세팅, 널널한 시간 확보,

마중물책·불쏘시개책 적절 공급 안 해주고

"니는 왜 안 읽냐?" "왜 자꾸 혼자 안 읽으려고 하냐?"

잡도리만 하고 있는데 되겠냐고.

고민을 멈추고 움직여야지. 갈등을 집어치우고 행동해야지.

샀으면 죽어라 읽어주고 어떻게라도 읽게 영혼이라도 팔아야지.

어차피 죽으면 썩어 문드러질 몸 아껴서 뭐할라꼬.

언제까지 "잘 안 되네요." "우리 애는 잘 안 따라주네요."

"맞는지 잘 모르겠네요." "애가 둘이라 셋이라…" 쏭 부르고 있을 거냐고.

안 지겹니? 언제까지 그럴 거냐고.

에일리언 폭풍 탈피하듯 하루가 다르게 커나가는 내 자식,

매일 행동하지 않으면 그냥 의미 없이 훅 커버려.

성과를 내라. 결과를 내. 누가 안 해준다.

오로지 엄마가 해야 하는 거다.

소비가 아닌 행동을, 검색이 아닌 아이컨택을,

고민이 아닌 실천을 통한 성과 내기를 해라.

본질을 망각하면 망하는 거다. 나만 새 되는 거야.

1	2	3	4
5	6	7	8
9	10	11	12

○ **1달 1전집 들이기**

○ _____

○ _____

○ _____

○ _____

○ _____

○ _____

○ _____

○ _____

Sun	Mon	Tue

Wed	Thu	Fri	Sat

DATE

○ 한글책 읽기
○ 영어책 읽기
○ 엄마책 읽기
○ 집중 듣기
○ 흘려 듣기
○ 집밥 해 먹기
○ 실컷 놀기

DATE

○ 한글책 읽기
○ 영어책 읽기
○ 엄마책 읽기
○ 집중 듣기
○ 흘려 듣기
○ 집밥 해 먹기
○ 실컷 놀기

DATE

○ 한글책 읽기
○ 영어책 읽기
○ 엄마책 읽기
○ 집중 듣기
○ 흘려 듣기
○ 집밥 해 먹기
○ 실컷 놀기

책 읽기
책 읽기
책 읽기
듣기
듣기
해 먹기
놀기

책 읽기
책 읽기
책 읽기
듣기
듣기
해 먹기
놀기

책 읽기
책 읽기
책 읽기
듣기
듣기
해 먹기
놀기

DATE

- ○ 한글책 읽기
- ○ 영어책 읽기
- ○ 엄마책 읽기
- ○ 집중 듣기
- ○ 흘려 듣기
- ○ 집밥 해 먹기
- ○ 실컷 놀기

DATE

- ○ 한글책 읽기
- ○ 영어책 읽기
- ○ 엄마책 읽기
- ○ 집중 듣기
- ○ 흘려 듣기
- ○ 집밥 해 먹기
- ○ 실컷 놀기

DATE

- ○ 한글책 읽기
- ○ 영어책 읽기
- ○ 엄마책 읽기
- ○ 집중 듣기
- ○ 흘려 듣기
- ○ 집밥 해 먹기
- ○ 실컷 놀기

책 읽기
책 읽기
책 읽기
듣기
듣기
해 먹기
놀기

책 읽기
책 읽기
책 읽기
듣기
듣기
해 먹기
놀기

AB

책 읽기
책 읽기
책 읽기
듣기
듣기
해 먹기
놀기

DATE

- ○ **한글책 읽기**
- ○ **영어책 읽기**
- ○ **엄마책 읽기**
- ○ **집중 듣기**
- ○ **흘려 듣기**
- ○ **집밥 해 먹기**
- ○ **실컷 놀기**

DATE

- ○ **한글책 읽기**
- ○ **영어책 읽기**
- ○ **엄마책 읽기**
- ○ **집중 듣기**
- ○ **흘려 듣기**
- ○ **집밥 해 먹기**
- ○ **실컷 놀기**

DATE

- ○ **한글책 읽기**
- ○ **영어책 읽기**
- ○ **엄마책 읽기**
- ○ **집중 듣기**
- ○ **흘려 듣기**
- ○ **집밥 해 먹기**
- ○ **실컷 놀기**

책 읽기
책 읽기
책 읽기
듣기
듣기
해 먹기
놀기

책 읽기
책 읽기
책 읽기
듣기
듣기
해 먹기
놀기

책 읽기
책 읽기
책 읽기
듣기
듣기
해 먹기
놀기

DATE

○ **한글책 읽기**
○ **영어책 읽기**
○ **엄마책 읽기**
○ **집중 듣기**
○ **흘려 듣기**
○ **집밥 해 먹기**
○ **실컷 놀기**

DATE

○ **한글책 읽기**
○ **영어책 읽기**
○ **엄마책 읽기**
○ **집중 듣기**
○ **흘려 듣기**
○ **집밥 해 먹기**
○ **실컷 놀기**

DATE

○ **한글책 읽기**
○ **영어책 읽기**
○ **엄마책 읽기**
○ **집중 듣기**
○ **흘려 듣기**
○ **집밥 해 먹기**
○ **실컷 놀기**

책 읽기
책 읽기
책 읽기
듣기
듣기
해 먹기
놀기

책 읽기
책 읽기
책 읽기
듣기
듣기
해 먹기
놀기

책 읽기
책 읽기
책 읽기
듣기
듣기
해 먹기
놀기

DATE

- ○ 한글책 읽기
- ○ 영어책 읽기
- ○ 엄마책 읽기
- ○ 집중 듣기
- ○ 흘려 듣기
- ○ 집밥 해 먹기
- ○ 실컷 놀기

DATE

- ○ 한글책 읽기
- ○ 영어책 읽기
- ○ 엄마책 읽기
- ○ 집중 듣기
- ○ 흘려 듣기
- ○ 집밥 해 먹기
- ○ 실컷 놀기

DATE

- ○ 한글책 읽기
- ○ 영어책 읽기
- ○ 엄마책 읽기
- ○ 집중 듣기
- ○ 흘려 듣기
- ○ 집밥 해 먹기
- ○ 실컷 놀기

책 읽기
책 읽기
책 읽기
듣기
듣기
해 먹기
놀기

책 읽기
책 읽기
책 읽기
듣기
듣기
해 먹기
놀기

책 읽기
책 읽기
책 읽기
듣기
듣기
해 먹기
놀기

○ **한글책 읽기**
○ **영어책 읽기**
○ **엄마책 읽기**
○ **집중 듣기**
○ **흘려 듣기**
○ **집밥 해 먹기**
○ **실컷 놀기**

○ **한글책 읽기**
○ **영어책 읽기**
○ **엄마책 읽기**
○ **집중 듣기**
○ **흘려 듣기**
○ **집밥 해 먹기**
○ **실컷 놀기**

○ **한글책 읽기**
○ **영어책 읽기**
○ **엄마책 읽기**
○ **집중 듣기**
○ **흘려 듣기**
○ **집밥 해 먹기**
○ **실컷 놀기**

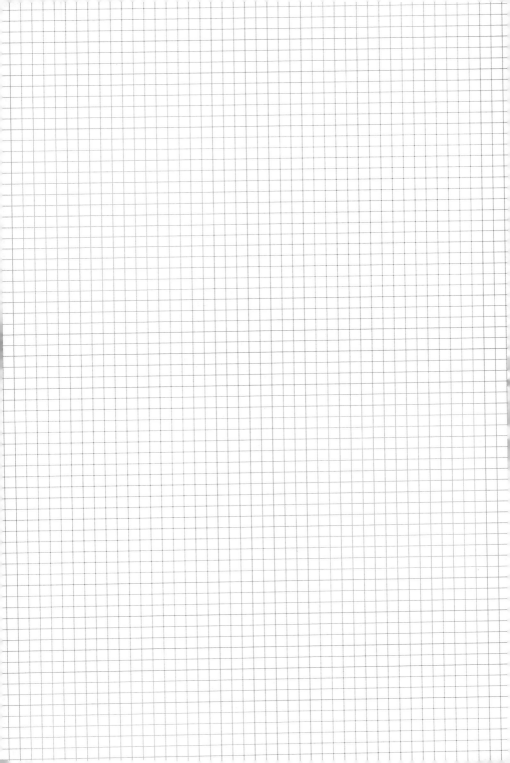

"영혼은 집 살 때만
끌어오는 게 아니다"

영끌 육아

몸 독서 +
머리 독서
'육아 미션'
수행하기

원래 육아라는 게

별일 있어서 정신없이 힘들고, 별일 없어서 지루해서 힘들고 안 그냐?

이래도 힘들고 저래도 힘들 거면 이왕지사 이리 된 거,

결과를 내면서 쭉쭉 가야 덜 힘들지 않겠냐 이 말이야.

그래서 책도 많이 사서 수시로 목 터지게 읽어주고

사시사철 밖에 나가 놀고 뻔질나게 집에서 놀면서도

한글 떼기, 읽기독립, 영어책육아, 한글책 분야 넓히기 등등

매일 매 순간 신경 쓰면서 했어, 난.

부담 엄청 가졌었고, 자책도 많이 했고, 괴로워도 많이 했었어.

그러지 않으면 뭐 되는 게 없으니까.

근데 아직도 한글 못 떼고 읽기독립도 지지부진하다고?

영어 노출은 언제 할라고?

왜 오늘의 육아 미션을 대충 미뤄?

이러다 애 어영부영 6살 되고, 초딩 되고, 중딩 되는 거 닥쳐서 식겁할래?

'가늘고 길게, 가랑비에 옷 젖듯이, 낙수가 바위를 뚫듯'

그런 말은 후대에 남이, 내 자식이 평가해주는 거지,

육아하는 당사자가 오늘 입에서 되뇌어야 하는 말이 아닌 거야.

남들 눈에는 티 안 나지만 내 딴에는 매일매일 빡센 '노오력'에

감동받은 아이가 어느 날

**왜 오늘의 육아 미션을
대충 미뤄?**

뒈지는 줄, 근데 안 뒈졌잖아
멀쩡히 살아 있잖아

"엄마 읽지도 않았는데 내 눈이 자꾸 읽어져"
"외우지도 않았는데 머릿속에 이미 외워져 있어"
"고민하지 않았는데 이미 문제가 풀려져 있어"
"이 문제를 어떻게 맞혔는지 모르겠는데 다 맞아 있어"
라는 믿지 않은 시건방진 발언을 시전한다.
지금껏 읽힌 '책'과 누린 '자연'으로 아이는
평생을 먹고살게 된다 해도 과언이 아니다.
미치도록 파고드는 미디어, 디지털의 융단 폭격 속에서
각자 자기 자식을 어떻게든 지키고 보호하기 위해
영혼이라도 끌어모아 '영끌 육아' 해야 한다.
너른 자연에서 몸 독서, 풍성한 책으로 머리 독서하면서
아날로그적 먹거리로 차곡차곡 채워지고 다져진 내 자식이 어느 날,
각자의 무기 장착하고 세상으로 '공격!' 하며 치고 나갈 때
애미인 우린 깊은 사랑으로 강력하게 엄호 사격해주어야 한다.
난 그리했다. 뒈지는 줄, 근데 안 뒈졌잖아. 멀쩡히 살아 있잖아.
그니까 너도 그리 해라. 할 수 있다. 오케이?

1	2	3	4
5	6	7	8
9	10	11	12

○ **1달 1전집 들이기**

○ _____

○ _____

○ _____

○ _____

○ _____

○ _____

○ _____

○ _____

Sun	Mon	Tue

Wed	Thu	Fri	Sat

DATE

○ 한글책 읽기
○ 영어책 읽기
○ 엄마책 읽기
○ 집중 듣기
○ 흘려 듣기
○ 집밥 해 먹기
○ 실컷 놀기

DATE

○ 한글책 읽기
○ 영어책 읽기
○ 엄마책 읽기
○ 집중 듣기
○ 흘려 듣기
○ 집밥 해 먹기
○ 실컷 놀기

DATE

○ 한글책 읽기
○ 영어책 읽기
○ 엄마책 읽기
○ 집중 듣기
○ 흘려 듣기
○ 집밥 해 먹기
○ 실컷 놀기

책 읽기
책 읽기
책 읽기
듣기
듣기
해 먹기
놀기

책 읽기
책 읽기
책 읽기
듣기
듣기
해 먹기
놀기

책 읽기
책 읽기
책 읽기
듣기
듣기
해 먹기
놀기

DATE

○ 한글책 읽기
○ 영어책 읽기
○ 엄마책 읽기
○ 집중 듣기
○ 흘려 듣기
○ 집밥 해 먹기
○ 실컷 놀기

DATE

○ 한글책 읽기
○ 영어책 읽기
○ 엄마책 읽기
○ 집중 듣기
○ 흘려 듣기
○ 집밥 해 먹기
○ 실컷 놀기

DATE

○ 한글책 읽기
○ 영어책 읽기
○ 엄마책 읽기
○ 집중 듣기
○ 흘려 듣기
○ 집밥 해 먹기
○ 실컷 놀기

책 읽기
책 읽기
책 읽기
듣기
듣기
해 먹기
놀기

책 읽기
책 읽기
책 읽기
듣기
듣기
해 먹기
놀기

책 읽기
책 읽기
책 읽기
듣기
듣기
해 먹기
놀기

- ○ 한글책 읽기
- ○ 영어책 읽기
- ○ 엄마책 읽기
- ○ 집중 듣기
- ○ 흘려 듣기
- ○ 집밥 해 먹기
- ○ 실컷 놀기

- ○ 한글책 읽기
- ○ 영어책 읽기
- ○ 엄마책 읽기
- ○ 집중 듣기
- ○ 흘려 듣기
- ○ 집밥 해 먹기
- ○ 실컷 놀기

- ○ 한글책 읽기
- ○ 영어책 읽기
- ○ 엄마책 읽기
- ○ 집중 듣기
- ○ 흘려 듣기
- ○ 집밥 해 먹기
- ○ 실컷 놀기

책 읽기
책 읽기
책 읽기
듣기
듣기
해 먹기
놀기

책 읽기
책 읽기
책 읽기
듣기
듣기
해 먹기
놀기

책 읽기
책 읽기
책 읽기
듣기
듣기
해 먹기
놀기

DATE

○ 한글책 읽기
○ 영어책 읽기
○ 엄마책 읽기
○ 집중 듣기
○ 흘려 듣기
○ 집밥 해 먹기
○ 실컷 놀기

DATE

○ 한글책 읽기
○ 영어책 읽기
○ 엄마책 읽기
○ 집중 듣기
○ 흘려 듣기
○ 집밥 해 먹기
○ 실컷 놀기

DATE

○ 한글책 읽기
○ 영어책 읽기
○ 엄마책 읽기
○ 집중 듣기
○ 흘려 듣기
○ 집밥 해 먹기
○ 실컷 놀기

책 읽기
책 읽기
책 읽기
듣기
듣기
해 먹기
놀기

책 읽기
책 읽기
책 읽기
듣기
듣기
해 먹기
놀기

책 읽기
책 읽기
책 읽기
듣기
듣기
해 먹기
놀기

○ 한글책 읽기
○ 영어책 읽기
○ 엄마책 읽기
○ 집중 듣기
○ 흘려 듣기
○ 집밥 해 먹기
○ 실컷 놀기

○ 한글책 읽기
○ 영어책 읽기
○ 엄마책 읽기
○ 집중 듣기
○ 흘려 듣기
○ 집밥 해 먹기
○ 실컷 놀기

○ 한글책 읽기
○ 영어책 읽기
○ 엄마책 읽기
○ 집중 듣기
○ 흘려 듣기
○ 집밥 해 먹기
○ 실컷 놀기

책 읽기
책 읽기
책 읽기
듣기
듣기
해 먹기
놀기

책 읽기
책 읽기
책 읽기
듣기
듣기
해 먹기
놀기

책 읽기
책 읽기
책 읽기
듣기
듣기
해 먹기
놀기

DATE

○ 한글책 읽기
○ 영어책 읽기
○ 엄마책 읽기
○ 집중 듣기
○ 흘려 듣기
○ 집밥 해 먹기
○ 실컷 놀기

DATE

○ 한글책 읽기
○ 영어책 읽기
○ 엄마책 읽기
○ 집중 듣기
○ 흘려 듣기
○ 집밥 해 먹기
○ 실컷 놀기

DATE

○ 한글책 읽기
○ 영어책 읽기
○ 엄마책 읽기
○ 집중 듣기
○ 흘려 듣기
○ 집밥 해 먹기
○ 실컷 놀기

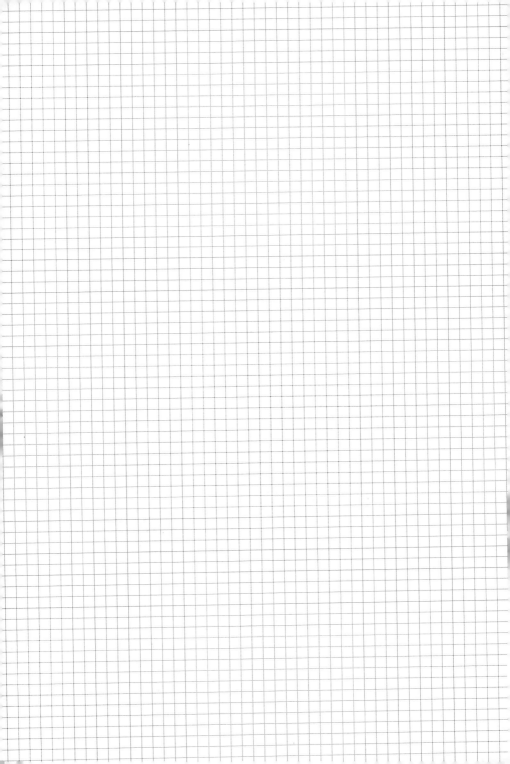

"계속 부어줘,
청정 1급수를"

9단계

물타기
육아

내 아이
무한계 인간으로
키우는 육아

"이렇게 늦었는데 책육아 해도 될까요?"

"늦었어! 하지 마! 절대 성공 못 해. 할 생각도 하지 마. 꼭!"

요즘 내 대답이다.

십수 년간 하도들 물어싸서 이젠 눈 네모로 뜨고 정확히 얘기해.

말이야 막걸리야 이거 원, 늦었다 그럼 안 할 거야?

늦었어도 애 잘 키우려면 해야지, 뭘 물어.

결국 할 사람은 저런 질문 하지도 않아.

이 세계 알자마자 밤새 가슴 픽픽 치며 후회, 반성, 자책하고

잠든 애한테 달려가 석고대죄하며 눈물로 사과하고

다음날부터 불도저 모드로 돌진!

엎어지고 고꾸라지고 혼돈과 광기 속에 수시로 흔들리고 '멘붕' 돼도

늦게 시작한 내 탓이려니, 애는 잘못 하나도 없지 누굴 탓해.

딴 데 정신 팔려 애 '내면' 매만져주지 못하고

불타오르던 '지성' 책으로 충분히 채워주지 못한

내 불찰에만 포커스 맞추기도 모자란 시간인 거 알거든.

그 처절하고 절절한 진흙탕 싸움

'압축'해서 해나가는 유·초딩 책육아린이들, 나 너무 많이 봐왔잖나.

너무 늦었다고 생각해? 그럼 무식하게 들이부어.

사랑과 지성의 청정 1급수를! 주식도 물타기, 인생도 물타기야!

몰라서 못 했고 귀찮아서 안 했던 지난 후진 육아의 탁한 물도

몇 날, 몇 달, 몇 년 꾸준하게 들입다 맑은 물 부어대면

언젠가는 맑아져 있지 않겠냐고.

징한 엄마, 끈질긴 엄마, 독한 엄마를 누가 이기냐. 한 몇 컵 찔끔 부어보고

"어, 안되네~ 여전히 탁하네~ 다 되는 거 아니네, 뭐~ 개가 특별한 애네~"

말이 되냐고. 인생 길~어. 늦었다 생각할 시간에 뭐든 해.

7살 애랑 땅 파다 파다 동생 파묻어버리는 거 같이 낄낄대며 도와주고,

9살 애 읽기독립 하느라 밤새 목 터지게 책 읽어대는 거

눈물 흘리며 박수쳐주고,

11살 애가 엄마 찌찌 만지고 뱃살 주물럭대며 잠들어도 내치지 말고 맘껏 줘.

몸 아끼지 마. 15살도 아직 애기야.

가능성, 잠재력 미친 듯이 꿈틀거리는,

훗날 '무한계 인간'으로 커나갈 아이라고.

아이의 기질 차이? 개나 줘. 관건은 엄마의 기질 차이야.

인내심 제로에 나태한 그 기질이 문제인 거지,

아이는 모두가 천재다.

누가 누가 주변 시선 무시하며 자기만의 갈 길 가느냐, 그게 중한 때다.

뭐라도 하고 애라도 쓰고 악을 쓰며 움직여야 한 걸음 나아가는 거야.

"엄마~ 수학은 양치기야. 문제풀이 양으로 채워야 돼.

난 오늘부터 양치기 하은이라 불러줘."

16살 중3 나이에 대입 수능 준비하며 막판에 녀석이 나한테 한 말이야.

시간적인 불리함, 열악한 환경 등등 이겨내고 치고 나갈 수 있는 비법?

양으로 채워나가는 수밖에 없다는 걸 그 쪼끄만 아이도 느꼈는데

나이 먹을 만큼 먹은 우리가 안 할 이유, 없지 않겠쒀~?

자, 니들도 나도 오늘부터 양치기다. 물타기고.

열심히 읽고 실천하고 깨닫고 업그레이드하자.

성장하자, 우리.

1	2	3	4
5	6	7	8
9	10	11	12

○ 1달 1전집 들이기

○ _____

○ _____

○ _____

○ _____

○ _____

○ _____

○ _____

○ _____

Sun	Mon	Tue

Wed	Thu	Fri	Sat

DATE

○ 한글책 읽기
○ 영어책 읽기
○ 엄마책 읽기
○ 집중 듣기
○ 흘려 듣기
○ 집밥 해 먹기
○ 실컷 놀기

DATE

○ 한글책 읽기
○ 영어책 읽기
○ 엄마책 읽기
○ 집중 듣기
○ 흘려 듣기
○ 집밥 해 먹기
○ 실컷 놀기

DATE

○ 한글책 읽기
○ 영어책 읽기
○ 엄마책 읽기
○ 집중 듣기
○ 흘려 듣기
○ 집밥 해 먹기
○ 실컷 놀기

책 읽기
책 읽기
책 읽기
듣기
듣기
해 먹기
놀기

책 읽기
책 읽기
책 읽기
듣기
듣기
해 먹기
놀기

책 읽기
책 읽기
책 읽기
듣기
듣기
해 먹기
놀기

DATE

- ○ 한글책 읽기
- ○ 영어책 읽기
- ○ 엄마책 읽기
- ○ 집중 듣기
- ○ 흘려 듣기
- ○ 집밥 해 먹기
- ○ 실컷 놀기

DATE

- ○ 한글책 읽기
- ○ 영어책 읽기
- ○ 엄마책 읽기
- ○ 집중 듣기
- ○ 흘려 듣기
- ○ 집밥 해 먹기
- ○ 실컷 놀기

DATE

- ○ 한글책 읽기
- ○ 영어책 읽기
- ○ 엄마책 읽기
- ○ 집중 듣기
- ○ 흘려 듣기
- ○ 집밥 해 먹기
- ○ 실컷 놀기

책 읽기
책 읽기
책 읽기
듣기
듣기
해 먹기
놀기

책 읽기
책 읽기
책 읽기
듣기
듣기
해 먹기
놀기

책 읽기
책 읽기
책 읽기
듣기
듣기
해 먹기
놀기

DATE

- ○ 한글책 읽기
- ○ 영어책 읽기
- ○ 엄마책 읽기
- ○ 집중 듣기
- ○ 흘려 듣기
- ○ 집밥 해 먹기
- ○ 실컷 놀기

DATE

- ○ 한글책 읽기
- ○ 영어책 읽기
- ○ 엄마책 읽기
- ○ 집중 듣기
- ○ 흘려 듣기
- ○ 집밥 해 먹기
- ○ 실컷 놀기

DATE

- ○ 한글책 읽기
- ○ 영어책 읽기
- ○ 엄마책 읽기
- ○ 집중 듣기
- ○ 흘려 듣기
- ○ 집밥 해 먹기
- ○ 실컷 놀기

책 읽기
책 읽기
책 읽기
듣기
듣기
해 먹기
놀기

책 읽기
책 읽기
책 읽기
듣기
듣기
해 먹기
놀기

책 읽기
책 읽기
책 읽기
듣기
듣기
해 먹기
놀기

DATE

- ○ 한글책 읽기
- ○ 영어책 읽기
- ○ 엄마책 읽기
- ○ 집중 듣기
- ○ 흘려 듣기
- ○ 집밥 해 먹기
- ○ 실컷 놀기

DATE

- ○ 한글책 읽기
- ○ 영어책 읽기
- ○ 엄마책 읽기
- ○ 집중 듣기
- ○ 흘려 듣기
- ○ 집밥 해 먹기
- ○ 실컷 놀기

DATE

- ○ 한글책 읽기
- ○ 영어책 읽기
- ○ 엄마책 읽기
- ○ 집중 듣기
- ○ 흘려 듣기
- ○ 집밥 해 먹기
- ○ 실컷 놀기

책 읽기
책 읽기
책 읽기
듣기
듣기
해 먹기
놀기

책 읽기
책 읽기
책 읽기
듣기
듣기
해 먹기
놀기

책 읽기
책 읽기
책 읽기
듣기
듣기
해 먹기
놀기

DATE

○ 한글책 읽기
○ 영어책 읽기
○ 엄마책 읽기
○ 집중 듣기
○ 흘려 듣기
○ 집밥 해 먹기
○ 실컷 놀기

DATE

○ 한글책 읽기
○ 영어책 읽기
○ 엄마책 읽기
○ 집중 듣기
○ 흘려 듣기
○ 집밥 해 먹기
○ 실컷 놀기

DATE

○ 한글책 읽기
○ 영어책 읽기
○ 엄마책 읽기
○ 집중 듣기
○ 흘려 듣기
○ 집밥 해 먹기
○ 실컷 놀기

책 읽기
책 읽기
책 읽기
듣기
듣기
해 먹기
놀기

책 읽기
책 읽기
책 읽기
듣기
듣기
해 먹기
놀기

책 읽기
책 읽기
책 읽기
듣기
듣기
밥 해 먹기
것 놀기

DATE

○ 한글책 읽기
○ 영어책 읽기
○ 엄마책 읽기
○ 집중 듣기
○ 흘려 듣기
○ 집밥 해 먹기
○ 실컷 놀기

DATE

○ 한글책 읽기
○ 영어책 읽기
○ 엄마책 읽기
○ 집중 듣기
○ 흘려 듣기
○ 집밥 해 먹기
○ 실컷 놀기

DATE

○ 한글책 읽기
○ 영어책 읽기
○ 엄마책 읽기
○ 집중 듣기
○ 흘려 듣기
○ 집밥 해 먹기
○ 실컷 놀기

"내 손으로
골라 먹일 수 있을 때가
좋은 때야"

유기농 집밥 육아

내 자식
인성, 지성,
성품의 열쇠

'튀기면 다 맛있어' 그걸 와 모르겠노.

튀기면 지우개도 맛있고 타이어도 맛있지.

'야끼만두랑 오징어튀김 없인 떡볶이도 별로고,

왕새우튀김 한 접시면 난 영혼도 팔 수 있소' 그랬던 나다.

그랬던 내가 아이 건강, 가족 건강을 위해 고안하고 타협해낸

계량 없이 휘리릭 휘딱 만드는 '와락 쏟아' 레시피조차 힘들다고 투덜댈 거면

그냥 싹 다 때려 치는 게 낫다.

농담이 아니라 마트 음식 데워 먹이고 물 부어 먹이고 대충 시켜 먹고서

애도 나도 돌림빵으로 아파대다 큰 병 걸려 골골대느니

잘 못해도 자꾸 좋은 거 해 먹이려고 머리 굴리면

냉동실만 털어도 일주일은 버티는 게 '집밥의 신비'거든.

그래, 나도 안다. 집에 상주하는 이모님이 맛난 한식, 생채식, 과일식

종류별로 다양하게 대령해주면 누가 그걸 못 먹이겠어.

문제는 우리가 애 보고, 살림하고,

바깥음식 먹고 싶다고 징징대는 육식주의자 남편

얼러가며 요리하는 하드코어 인생 아니냐고.

하지만 오래오래 끝까지 건강하게 먹고 살려면

**냉동실만 털어도 일주일은 버티는 게
'집밥의 신비'거든**

쉽게 쉽게 후딱 만들어 먹으면
애도 유기농으로 잘 커

순간의 유혹과 치고 들어오는 공격에서 살아남아야 한다.

중독성 쩌는 바깥음식과 가공식품의 늪으로 빠져들어

돼지가족으로 등재되지 않으려면

이러저러한 채식 아이디어와 든든한 준비,

그리고 강력한 마인드셋이 필요하다.

고기를 먹더라도 야채와 과일도 함께 왕창 먹어가며 균형 맞추고,

우리땅 흔한 재료들로 쉽게 쉽게 후딱 만들어 먹으면

몸도 맘도 가볍고 애도 유기농으로 잘 커.

차분한 집중도, 벽을 뚫을 듯한 몰입도 '엄마표 집밥'이 선행돼야 가능해.

까꿍이, 꼬맹이랑 지지고 볶고 할 때가 좋을 때다.

내 손으로 나쁜 음식 차단하고 골라 먹일 수 있을 때

그때가 바로 내 자식의 인성과 지성과 성품의 열쇠를 쥔 때야.

그때 어물쩍 넘어가며 대충 먹이면 나중엔 걷잡을 수가 없어.

어여 찌고 삶고 지지고 볶아라.

이왕이면 하은맘의 '와락 쏟아' 레시피로!

	1	2	3	4
	5	6	7	8
	9	10	11	12

○ 1달 1전집 들이기

○ _____

○ _____

○ _____

○ _____

○ _____

○ _____

○ _____

○ _____

Sun	Mon	Tue

Wed	Thu	Fri	Sat

DATE

○ 한글책 읽기
○ 영어책 읽기
○ 엄마책 읽기
○ 집중 듣기
○ 흘려 듣기
○ 집밥 해 먹기
○ 실컷 놀기

DATE

○ 한글책 읽기
○ 영어책 읽기
○ 엄마책 읽기
○ 집중 듣기
○ 흘려 듣기
○ 집밥 해 먹기
○ 실컷 놀기

DATE

○ 한글책 읽기
○ 영어책 읽기
○ 엄마책 읽기
○ 집중 듣기
○ 흘려 듣기
○ 집밥 해 먹기
○ 실컷 놀기

책 읽기
책 읽기
책 읽기
듣기
듣기
해 먹기
놀기

책 읽기
책 읽기
책 읽기
듣기
듣기
해 먹기
놀기

책 읽기
책 읽기
책 읽기
듣기
듣기
해 먹기
놀기

DATE

- ◯ 한글책 읽기
- ◯ 영어책 읽기
- ◯ 엄마책 읽기
- ◯ 집중 듣기
- ◯ 흘려 듣기
- ◯ 집밥 해 먹기
- ◯ 실컷 놀기

DATE

- ◯ 한글책 읽기
- ◯ 영어책 읽기
- ◯ 엄마책 읽기
- ◯ 집중 듣기
- ◯ 흘려 듣기
- ◯ 집밥 해 먹기
- ◯ 실컷 놀기

DATE

- ◯ 한글책 읽기
- ◯ 영어책 읽기
- ◯ 엄마책 읽기
- ◯ 집중 듣기
- ◯ 흘려 듣기
- ◯ 집밥 해 먹기
- ◯ 실컷 놀기

책 읽기
책 읽기
책 읽기
듣기
듣기
해 먹기
놀기

책 읽기
책 읽기
책 읽기
듣기
듣기
해 먹기
놀기

책 읽기
책 읽기
책 읽기
듣기
듣기
해 먹기
놀기

DATE

○ 한글책 읽기
○ 영어책 읽기
○ 엄마책 읽기
○ 집중 듣기
○ 흘려 듣기
○ 집밥 해 먹기
○ 실컷 놀기

DATE

○ 한글책 읽기
○ 영어책 읽기
○ 엄마책 읽기
○ 집중 듣기
○ 흘려 듣기
○ 집밥 해 먹기
○ 실컷 놀기

DATE

○ 한글책 읽기
○ 영어책 읽기
○ 엄마책 읽기
○ 집중 듣기
○ 흘려 듣기
○ 집밥 해 먹기
○ 실컷 놀기

책 읽기
책 읽기
책 읽기
듣기
듣기
해 먹기
놀기

책 읽기
책 읽기
책 읽기
듣기
듣기
해 먹기
놀기

책 읽기
책 읽기
책 읽기
듣기
듣기
해 먹기
놀기

○ **한글책 읽기**
○ **영어책 읽기**
○ **엄마책 읽기**
○ **집중 듣기**
○ **흘려 듣기**
○ **집밥 해 먹기**
○ **실컷 놀기**

○ **한글책 읽기**
○ **영어책 읽기**
○ **엄마책 읽기**
○ **집중 듣기**
○ **흘려 듣기**
○ **집밥 해 먹기**
○ **실컷 놀기**

○ **한글책 읽기**
○ **영어책 읽기**
○ **엄마책 읽기**
○ **집중 듣기**
○ **흘려 듣기**
○ **집밥 해 먹기**
○ **실컷 놀기**

책 읽기
책 읽기
책 읽기
듣기

듣기
해 먹기
놀기

책 읽기
책 읽기
책 읽기
듣기

듣기
해 먹기
놀기

책 읽기
책 읽기
책 읽기
듣기

듣기
해 먹기
놀기

○ 한글책 읽기
○ 영어책 읽기
○ 엄마책 읽기
○ 집중 듣기
○ 흘려 듣기
○ 집밥 해 먹기
○ 실컷 놀기

○ 한글책 읽기
○ 영어책 읽기
○ 엄마책 읽기
○ 집중 듣기
○ 흘려 듣기
○ 집밥 해 먹기
○ 실컷 놀기

○ 한글책 읽기
○ 영어책 읽기
○ 엄마책 읽기
○ 집중 듣기
○ 흘려 듣기
○ 집밥 해 먹기
○ 실컷 놀기

책 읽기
책 읽기
책 읽기
듣기
듣기
해 먹기
놀기

책 읽기
책 읽기
책 읽기
듣기
듣기
해 먹기
놀기

책 읽기
책 읽기
책 읽기
듣기
듣기
해 먹기
놀기

DATE

○ 한글책 읽기
○ 영어책 읽기
○ 엄마책 읽기
○ 집중 듣기
○ 흘려 듣기
○ 집밥 해 먹기
○ 실컷 놀기

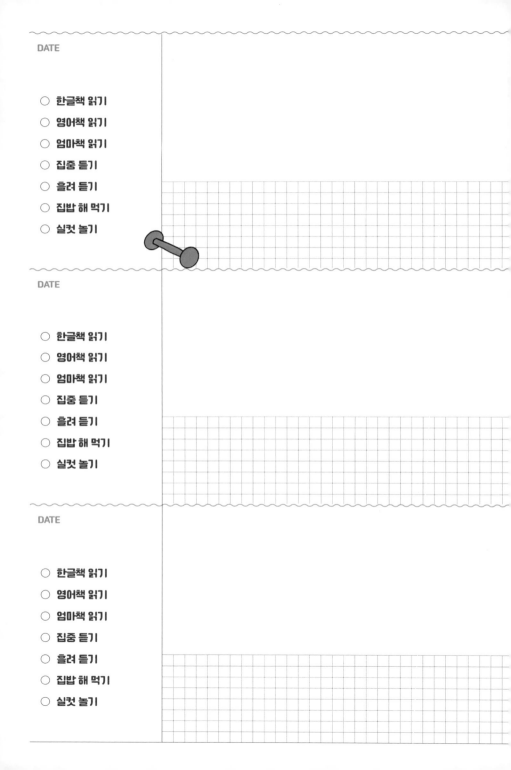

DATE

○ 한글책 읽기
○ 영어책 읽기
○ 엄마책 읽기
○ 집중 듣기
○ 흘려 듣기
○ 집밥 해 먹기
○ 실컷 놀기

DATE

○ 한글책 읽기
○ 영어책 읽기
○ 엄마책 읽기
○ 집중 듣기
○ 흘려 듣기
○ 집밥 해 먹기
○ 실컷 놀기

"책육아
꾸준히 해온 집들은
무서울 게 없다"

고농도
압축 육아

코로나19는
압축 육아의
기회다

코로나19는 뭐다?

책육아를 고농도로 압축해서 해볼 수 있는 절호의 찬스다!

미친 듯이 널널한 시간이 선행되잖냐.

학교나 유치원, 학원, 숙제 등으로 똑똑 끊기지 않는

그야말로 널널해서 미쳐버리겠는 '통시간'

+ 엄청나게 많은 양의 '책'

+ 아무 때나 튀어나갈 수 있는 '바깥놀이'(인적 없는 곳으로!)

+ 막 퍼먹어도 아프거나 사나워지지 않는 건강한 '집밥'

= 위대하게 잘 큰 내 아이!

캬~ 하은맘표 책육아의 핵심 원리이자 불변의 공식이다.

요즘처럼 외출이나 모임이 자유롭지 않은 때

책육아 꾸준히 해온 집들은 무서울 게 없다. 오히려 더 잘돼.

널널한 시간들 흘려보내면서 우리 아이들

장난 아니게 많이 읽고, 놀고, 먹고, 멍 때리고, 깔깔대지?

그 사이사이 이어지는 무서운 몰입!

시·공간이 널널하고 외부와 철저하게 차단되니

과몰입하기 좋은 환경이 절로 조성된다.

우리 애들이 또 대충 안 놀고 제대로 놀잖아. 제대로 읽고 들이 파고.

제대로 그리고, 만들고, 뛰놀고, 연주하고, 뒹굴고…

그게 학교 수업이거나 유치원, 학원, 센터 숙제나 과제였다면

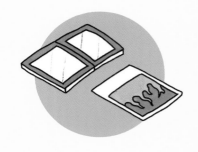

공평하게 주어진
이 엄청난 최고의 육아 기회
허공에 날려 먹지 말자, 아깝게!

그리 미친 듯이 흥분하면서 신나게 해댔겠니? 응? 가능했겠어? 택도 없어.

끊임없이 놀면서 책과 연결하고 다시 또 놀이로 이어지고,

그와 연관된 도감, 지도, 사전 등으로 연결하면서

자기 지식으로 축적해내는 것들을 보면

학교 밖 학습이 진짜 공부라는 거 뼈저리게 느낄 거다.

물론 뭐가 잘 안되고 자꾸 삐그덕거리는 집은

분명 TV 틀면 나오고 PC, 패드, 스마트폰 켜져 있는 집일 테지. 백퍼! 천퍼!

조석으로 지옥이 펼쳐지고 있을 것이다. 원천 차단! 바로 해라.

강제로 전 국민에게 공평하게 주어진 이 엄청난 최고의 육아 기회

허공에 날려 먹지 말자, 아깝게!

위기를 기회로 만들어버려.

우리 눈엔 수시로 이상해 뵈는 아이들,

그 크기를 알 수 없는 그릇을 깨뜨리지 않고 키우는 게

바로 우리가 해야 할 일이다.

큰돈을 벌고 세상에 이름을 날리는 것보다 오조오억 배 중요한

엄마인 우리들의 할 일! 절대 잊지 말아라.

	1	2	3	4
	5	6	7	8
	9	10	11	12

○ **1달 1전집 들이기**

○ _____

○ _____

○ _____

○ _____

○ _____

○ _____

○ _____

○ _____

Sun	Mon	Tue

Wed	Thu	Fri	Sat

○ **한글책 읽기**
○ **영어책 읽기**
○ **엄마책 읽기**
○ **집중 듣기**
○ **흘려 듣기**
○ **집밥 해 먹기**
○ **실컷 놀기**

○ **한글책 읽기**
○ **영어책 읽기**
○ **엄마책 읽기**
○ **집중 듣기**
○ **흘려 듣기**
○ **집밥 해 먹기**
○ **실컷 놀기**

○ **한글책 읽기**
○ **영어책 읽기**
○ **엄마책 읽기**
○ **집중 듣기**
○ **흘려 듣기**
○ **집밥 해 먹기**
○ **실컷 놀기**

책 읽기
책 읽기
책 읽기
듣기
듣기
해 먹기
놀기

책 읽기
책 읽기
책 읽기
듣기
듣기
해 먹기
놀기

책 읽기
책 읽기
책 읽기
듣기
듣기
해 먹기
놀기

DATE

○ 한글책 읽기
○ 영어책 읽기
○ 엄마책 읽기
○ 집중 듣기
○ 흘려 듣기
○ 집밥 해 먹기
○ 실컷 놀기

DATE

○ 한글책 읽기
○ 영어책 읽기
○ 엄마책 읽기
○ 집중 듣기
○ 흘려 듣기
○ 집밥 해 먹기
○ 실컷 놀기

DATE

○ 한글책 읽기
○ 영어책 읽기
○ 엄마책 읽기
○ 집중 듣기
○ 흘려 듣기
○ 집밥 해 먹기
○ 실컷 놀기

책 읽기
책 읽기
책 읽기
듣기
듣기
해 먹기
놀기

책 읽기
책 읽기
책 읽기
듣기
듣기
해 먹기
놀기

책 읽기
책 읽기
책 읽기
듣기
듣기
해 먹기
놀기

○ 한글책 읽기
○ 영어책 읽기
○ 엄마책 읽기
○ 집중 듣기
○ 흘려 듣기
○ 집밥 해 먹기
○ 실컷 놀기

○ 한글책 읽기
○ 영어책 읽기
○ 엄마책 읽기
○ 집중 듣기
○ 흘려 듣기
○ 집밥 해 먹기
○ 실컷 놀기

○ 한글책 읽기
○ 영어책 읽기
○ 엄마책 읽기
○ 집중 듣기
○ 흘려 듣기
○ 집밥 해 먹기
○ 실컷 놀기

읽기
읽기
읽기
듣기
듣기
먹기
듣기

읽기
읽기
읽기
듣기
듣기
먹기
듣기

읽기
읽기
읽기
듣기
듣기
먹기
듣기

○ **한글책 읽기**
○ **영어책 읽기**
○ **엄마책 읽기**
○ **집중 듣기**
○ **흘려 듣기**
○ **집밥 해 먹기**
○ **실컷 놀기**

○ **한글책 읽기**
○ **영어책 읽기**
○ **엄마책 읽기**
○ **집중 듣기**
○ **흘려 듣기**
○ **집밥 해 먹기**
○ **실컷 놀기**

○ **한글책 읽기**
○ **영어책 읽기**
○ **엄마책 읽기**
○ **집중 듣기**
○ **흘려 듣기**
○ **집밥 해 먹기**
○ **실컷 놀기**

책 읽기
책 읽기
책 읽기
듣기
듣기
해 먹기
놀기

책 읽기
책 읽기
책 읽기
듣기
듣기
해 먹기
놀기

책 읽기
책 읽기
책 읽기
듣기
듣기
해 먹기
놀기

DATE

○ 한글책 읽기
○ 영어책 읽기
○ 엄마책 읽기
○ 집중 듣기
○ 흘려 듣기
○ 집밥 해 먹기
○ 실컷 놀기

DATE

○ 한글책 읽기
○ 영어책 읽기
○ 엄마책 읽기
○ 집중 듣기
○ 흘려 듣기
○ 집밥 해 먹기
○ 실컷 놀기

DATE

○ 한글책 읽기
○ 영어책 읽기
○ 엄마책 읽기
○ 집중 듣기
○ 흘려 듣기
○ 집밥 해 먹기
○ 실컷 놀기

책 읽기
책 읽기
책 읽기
듣기
듣기
해 먹기
놀기

책 읽기
책 읽기
책 읽기
듣기
듣기
해 먹기
놀기

책 읽기
책 읽기
책 읽기
듣기
듣기
해 먹기
놀기

DATE

○ 한글책 읽기
○ 영어책 읽기
○ 엄마책 읽기
○ 집중 듣기
○ 흘려 듣기
○ 집밥 해 먹기
○ 실컷 놀기

DATE

○ 한글책 읽기
○ 영어책 읽기
○ 엄마책 읽기
○ 집중 듣기
○ 흘려 듣기
○ 집밥 해 먹기
○ 실컷 놀기

DATE

○ 한글책 읽기
○ 영어책 읽기
○ 엄마책 읽기
○ 집중 듣기
○ 흘려 듣기
○ 집밥 해 먹기
○ 실컷 놀기

"힘든 시절일수록
대충 살지 말자"

자력갱생
각자도생

**안팎으로
더 단단하게**

어찌어찌 결혼을 하고 여차저차 애가 태어났다.
이왕 이렇게 돼버린 이상 제대로 잘 키워야 되는 바,
군대 육아 3년 빡시게 하고
전역 후에 예비역 신분으로 띵까띵까 놀면서 발육아 하다가
가끔씩 동원훈련 끌려가서 느슨해진 정신 꽉 동여매고
아이와 착착 호흡 맞춰가면서 놀며 공부하며 함께 성장해
명랑가족, 건전사회 이룩하자는 게 내 모토다.
육아든 살림이든 초반에 몰입해 죽이 되든 밥이 되든
힘들어도 해치워버리고 몸에 익혀 버리고 냅다 토끼자 이거지.
'자력갱생' 우리집 가훈이다.
각자 알아서 책임 다하고, 적극적으로 즐기고, 정확히 부탁하고 요구하고,
서로 흔쾌히 돕되, 자기 선택에 대한 책임은 스스로의 몫임을 항상 강조해.
냉혹해 보여? 노옵! 초반엔 엄청 삐걱대고 비굴할 때 많지만
적응되고 내성 생기면 최정예 공수부대급 유연함과 능수능란함이
생활에 녹아난다. 자, 뭐다? 자력갱생! 각자도생!
조큼 스산하고 서슬 퍼렇고 쫄리는 말이지만 사실인 걸 워떠켜.
밖으론, 사회적 거리두기와 개인 방역에 힘쓰며 내 살길, 내 할 일 찾으면서
안으론, 신체적, 심리적, 재정적 면역 높이기에 조용히 힘써야 할 때다.

난리통이건 불경기건 침체기건
원래 살던 대로 열심히 사는 거야

가공식품, 배달음식, 밀키트 멀리하고

유기농 집밥 해 먹으며 신체적 면역력 높이고,

24시간 밀착 육아로 아이가 거울처럼 비춰주는

내 상처받은 내면아이 치유해라.

보고 듣고 전달해가며 느끼고들 있는 불안·공포·혐오·불평·비난…

부정의 기운들 속에서 더 크고 센 감사와 긍정, 선행과 기여로

그냥 화악! 뒤덮어버리자. 더 밝고 착한 행동들로.

그중에 현재 우리가 해야 할 가장 큰 기여는 뭐라고?

'내 아이 끌어안고 건강하고 총명하고 선량하게 키워내는 것'

올커니~ 바로 그거지!

난리통이건 불경기건 침체기건 괘념치 말고

원래 살던 대로 열심히 사는 거야. 거품 싸악 빼고.

식구끼리 더 단단하게 연결해서. 안으로 안으로 더 딴딴하게.

물론 자분자분한 사랑과 미소, 절대 자동으로 뿜어 나오지 않을껴.

우린 선천적 육아근육이 없잖아. 그래도 워쩨. 해야재. 낳아놨으니.

"엄마~ 가장 해로운 벌레가 뭔 줄 알아?"

"뭔데?" "대충이래."

헐~ 왜 날 보고 말해?

힘들 테지만 절대 대충 살지 말자. 너도, 나도.

지금은 바야흐로 울트라 초강력 후천적 육아근육, 살림근육 강화의 시간!

자, 복창한다.

억지로! 강제로! 안간힘으로! 그래도 안되면? 술김에라도~!

1	2	3	4
5	6	7	8
9	10	11	12

◯ 1달 1전집 들이기

◯ _____

◯ _____

◯ _____

◯ _____

◯ _____

◯ _____

◯ _____

◯ _____

Sun	Mon	Tue

Wed	Thu	Fri	Sat

DATE

○ 한글책 읽기
○ 영어책 읽기
○ 엄마책 읽기
○ 집중 듣기
○ 흘려 듣기
○ 집밥 해 먹기
○ 실컷 놀기

DATE

○ 한글책 읽기
○ 영어책 읽기
○ 엄마책 읽기
○ 집중 듣기
○ 흘려 듣기
○ 집밥 해 먹기
○ 실컷 놀기

DATE

○ 한글책 읽기
○ 영어책 읽기
○ 엄마책 읽기
○ 집중 듣기
○ 흘려 듣기
○ 집밥 해 먹기
○ 실컷 놀기

책 읽기
책 읽기
책 읽기
듣기
듣기
해 먹기
놀기

책 읽기
책 읽기
책 읽기
듣기
듣기
해 먹기
놀기

책 읽기
책 읽기
책 읽기
듣기
듣기
해 먹기
놀기

DATE

- ○ **한글책 읽기**
- ○ **영어책 읽기**
- ○ **엄마책 읽기**
- ○ **집중 듣기**
- ○ **흘려 듣기**
- ○ **집밥 해 먹기**
- ○ **실컷 놀기**

DATE

- ○ **한글책 읽기**
- ○ **영어책 읽기**
- ○ **엄마책 읽기**
- ○ **집중 듣기**
- ○ **흘려 듣기**
- ○ **집밥 해 먹기**
- ○ **실컷 놀기**

DATE

- ○ **한글책 읽기**
- ○ **영어책 읽기**
- ○ **엄마책 읽기**
- ○ **집중 듣기**
- ○ **흘려 듣기**
- ○ **집밥 해 먹기**
- ○ **실컷 놀기**

책 읽기
책 읽기
책 읽기
듣기
듣기
해 먹기
놀기

책 읽기
책 읽기
책 읽기
듣기
듣기
해 먹기
놀기

책 읽기
책 읽기
책 읽기
듣기
듣기
해 먹기
놀기

DATE

- ○ 한글책 읽기
- ○ 영어책 읽기
- ○ 엄마책 읽기
- ○ 집중 듣기
- ○ 흘려 듣기
- ○ 집밥 해 먹기
- ○ 실컷 놀기

DATE

- ○ 한글책 읽기
- ○ 영어책 읽기
- ○ 엄마책 읽기
- ○ 집중 듣기
- ○ 흘려 듣기
- ○ 집밥 해 먹기
- ○ 실컷 놀기

DATE

- ○ 한글책 읽기
- ○ 영어책 읽기
- ○ 엄마책 읽기
- ○ 집중 듣기
- ○ 흘려 듣기
- ○ 집밥 해 먹기
- ○ 실컷 놀기

DATE

○ 한글책 읽기
○ 영어책 읽기
○ 엄마책 읽기
○ 집중 듣기
○ 흘려 듣기
○ 집밥 해 먹기
○ 실컷 놀기

DATE

○ 한글책 읽기
○ 영어책 읽기
○ 엄마책 읽기
○ 집중 듣기
○ 흘려 듣기
○ 집밥 해 먹기
○ 실컷 놀기

DATE

○ 한글책 읽기
○ 영어책 읽기
○ 엄마책 읽기
○ 집중 듣기
○ 흘려 듣기
○ 집밥 해 먹기
○ 실컷 놀기

책 읽기
책 읽기
책 읽기
듣기
듣기
해 먹기
놀기

책 읽기
책 읽기
책 읽기
듣기
듣기
해 먹기
놀기

책 읽기
책 읽기
책 읽기
듣기
듣기
해 먹기
놀기

DATE

○ 한글책 읽기
○ 영어책 읽기
○ 엄마책 읽기
○ 집중 듣기
○ 흘려 듣기
○ 집밥 해 먹기
○ 실컷 놀기

DATE

○ 한글책 읽기
○ 영어책 읽기
○ 엄마책 읽기
○ 집중 듣기
○ 흘려 듣기
○ 집밥 해 먹기
○ 실컷 놀기

DATE

○ 한글책 읽기
○ 영어책 읽기
○ 엄마책 읽기
○ 집중 듣기
○ 흘려 듣기
○ 집밥 해 먹기
○ 실컷 놀기

책 읽기
책 읽기
책 읽기
듣기
듣기
해 먹기
놀기

책 읽기
책 읽기
책 읽기
듣기
듣기
해 먹기
놀기

책 읽기
책 읽기
책 읽기
듣기
듣기
해 먹기
놀기

○ 한글책 읽기
○ 영어책 읽기
○ 엄마책 읽기
○ 집중 듣기
○ 흘려 듣기
○ 집밥 해 먹기
○ 실컷 놀기

○ 한글책 읽기
○ 영어책 읽기
○ 엄마책 읽기
○ 집중 듣기
○ 흘려 듣기
○ 집밥 해 먹기
○ 실컷 놀기

○ 한글책 읽기
○ 영어책 읽기
○ 엄마책 읽기
○ 집중 듣기
○ 흘려 듣기
○ 집밥 해 먹기
○ 실컷 놀기

하은맘의
'와락 쏟아'
레시피

바빠 죽겠는데
뭘 계량하고 앉았어?
기분대로 때려 넣어!
뭐든 다 맛있어져 @.@

육아가 이리 쉬웠으면 난 열도 낳아
기름 떡볶이

재료

쌀떡
소시지
편마늘
대파

양념

고춧가루
간장
설탕
유채유
참기름
통깨

1 양념 계량해서 미리 섞어 숙성시키고, 고추기름 내서 튀기
  는 거 따위 다 필요 없음. 그냥 섞고!! 볶아!! 각 양념별 양
  은 대략 1~1.5큰술인데 난 주로 와락~ 쏟기 때문에 알아
  서들 해!

2 떡만 넣어도 되지만 우린 '소떡소떡'도 사랑하므로 소시지
  에 칼집 사선으로 갈라 넣고, 소시지에 대한 죄책감을 50%
  로 낮춰줄 산지 직송 유기농 육쪽마늘을 편 썰어 왕창 넣는
  다, 실시! 떡은 냉동실에서 꺼냈다면 끓는 물에 넣다 빼서
  찬물에 씻고 물기 빼놓으면 약간 말랑해져. 마트에서 사온
  떡도 딱딱하면 위 방법대로 해놓고.

3 그다음에 떡에 파랑 양념 다 때려 넣고 비닐장갑 끼고 막
  섞어버려. 되도록 일회용 비닐장갑 안 끼려고 발악을 하는
  데, 요건 양념이 떡에 잘 섞이고 배야 해서 주걱으로 하는
  것보다 손으로 주무르고 비비는 게 진리.

4 그리고 웍이나 프라이팬에 지지듯이 볶으면 끝. 기름을
  미리 버무려놔서 굳이 팬에 기름 안 둘러도 돼. 정석대로
  하자면 넓은 프라이팬에 전 굽듯이 한 쪽면 굽고 뒤집고

가장 중요한 포인트

첫째, 재료에 양념 다 때려 넣고 비비며 섞는다.

둘째, 팬에 지지듯이 볶는다. 끝!

뒤집고 해야 하는데, 집어줘~~~!!! 우린 그런 진득~한 짓을 할 수 있는 요리 인성이 1도 없는 인간들이라구! 막 쎄리 뒤적거리고 중국성 주방장 아자씨처럼 팬 흔들면서 볶아대도 결국 똑같이 맛있음! 떡 표면이 살짝 튀겨지듯 지져지면서 대파, 마늘, 고추 향이 어우러지는데, 그냥 맛이 죽음! 단, 너무 센불에 계속 볶으면 양념이 떡, 마늘에 배기도 전에 타버려서 팬에 다 들러붙어 버린다. 불 너무 시게 하지 마라.

뭐가 이리 쉽냐고? 육아가 이리 쉬웠으면 난 열도 낳아 애국자 됐다, 진짜!
성공한 현대 여성, 시대를 앞서가는 신여성의 가오가 저 떡에 잔뜩 들러붙은 국산 통깨에서 느껴지지 않니?

"일루와, 애송아. 한 입 베어 물어보렴."
"너무 맛있지 말입니다. 인생 뭐 없지 말입니다."

오늘 3차까지 가는 거야!
초간단 바지락 술찜

재료

바지락
편마늘
대파
매운 고추
(페페론치노)

양념

청주
버터

1 와, 비주얼 미쳐? 안 미쳐? 우울증이 싹 다 날아가겠어? 안 날아가겠어? 웅? 마트 문 열면 얼른 튀어 나가 바지락 사러 갈 생각에 가슴이 뛰고 정신이 혼미해졌지? 재료 보고 놀랐냐? 이게 다야 싶지? 바지락, 편마늘, 대파, 매운 고추, 청주, 버터 끝.

2 일단 커다란 웍에다가 편 썰어놓은 마늘을 와락 쏟고, 매운 고추랑 같이 버터에 볶아. 달달 볶은 마늘과 버터의 콜라보 향이 그윽하고 매콤하게 콧잔등을 마구 때리면 바지락 쏟아 넣고 잠깐 볶다가 청주 1~2컵, 물 1~2컵쯤 붓고 끓여. 뚜껑 덮고 보글보글~ 바지락 양에 따라 청주랑 물은 조절하면 돼. 다 끓고 나면 알코올은 거의 날아간다. 중간중간 위아래 뒤적거려줘. 넘 오래 끓이면 질겨지니 바지락 입 벌린다 싶으면 쫑쫑 썬 대파 왕창 때려 넣고 섞어서 불 끄면 땡!

3 와, 쫄깃한 바지락 살의 미친 식감과 소주 5병의 숙취도 한방에 날려버릴 것 같은 얼큰·개운·시원한 국물이여! "야, 양심껏 천천히들 좀 먹어! 대화를 하자고 대화를!" "엄마

바지락 싹 다 입 벌리는 데 시간 그리 오래 안 걸려.

딱 지키고 있다가 샤샤샥 해야 해.

그냥 불 켜놓고 세월아~ 기다리는 곰국 아니다.

나 얼른 먹어라. 나중에 많이 못 먹었다구 징징대지 말구!"
"하은아, 냉장고서 와사비랑 간장 좀 갖다줘라. 조갯살 찍
어 먹게." "싫어. 엄마가 갖다 먹어. 난 그냥 먹어도 맛있어."
"와 치사한 것, 자식 키워 봤자 소용 없네." 후루룩~ 짭짭~
꿀꿀꿀~ 캬~ 음~ 낄낄~ 인문학적이고 삶의 철학이 묻어
나는 진솔한 대화들!

4 그래도 아쉬우면 남은 국물에 물 좀 더 붓고 칼국수를 넣
어. 2차 시작이다. 혹시 이걸로도 배가 다 안 찼다거나 '술
부르타'가 길어져 대화의 장이 끝나지 않았다면 그래, 남은
국물에 밥을 볶거라. 이제 3차다. 애매하게 쬐끔 남은 밑반
찬, 김에다가 무려 날치알까지 넣어 만든 '냉털용 다때 볶
음밥' 되시겠다.

아, 이 언니 증말 너무하네, 누굴 진짜 돼지로
아나 싶지? 맛있고 황홀해서 위가 열리면
어떻게 될지는 아무도 장담 못한다.

코 빵~ 와사비 소스에 찍어 먹는
일타이피 삼계탕과 닭칼국수

(재료)

닭
마늘
대추
황기
양파
대파
버섯
칼국수 면

(양념)

생와사비
간장

1 신혼, 구혼 때 이거 저거 요거 다양하게 넣고 삼계탕 해봤는데 너무 복잡하고 오래 걸리고… 딱 이 네 가지 넣고 끓이는 레시피가 진리다. 질 좋은 유기농 육쪽마늘 '아이구 어떡해!' 와락 쏟듯 많이 넣고, 국산 대추도 듬뿍, 황기도 넉넉히 넣고, 배려와 사랑으로 풀어 키운 무항생제 유기농 닭(이길 간절히 바라며 혼신을 다해 고른) 작은 거 두 마리를 그냥 냄비에 바로 넣어. 씻지도 말고 다듬거나 자르지도 말고 닭 똥꼬에 뭐 쑤셔 넣지도 말고 그냥 넣어. 라면봉지 뜯어 바로 넣듯이 퐁당~! 재래시장서 산 닭이면 당연히 씻어야겠지만 웬만하면 유기농 매장이나 마트에서 포장 닭 샀을 테니 그냥 비닐 뜯어 바로 넣어도 무관하다. 귀찮은 과정이 훅~ 없어져 마음적으로다가 으찌나 간편한지.

2 그리고 압력솥에 닭이 잠길 정도로 물 붓고 끓이면 땡! 칙칙칙칙 금방 익고 중간에 약불로 한번 줄여주면 지가 알아서 김 빼고 맛도 우려주니 완전 땡큐! 그 사이에 양파를 조사. 꼴 보기 싫은 남편 머리통이다 상상하면서 조사. 명상과 힐링 효과가 있음.

딱 최정예 재료만으로 두 가지 요리를 한방에 즐기는 레시피.
코가 빵~ 뚫리는 와사비 양파간장 소스에 찍어 먹는 닭고기와
또 그 소스에 푹~ 적셔 먹는 칼국수까지!

3 이제 압력솥 뚜껑 열어볼까? 와, 뽀얗게 국물 우러났다. 저
  보드랍고 탱탱하고 쫄깃한 닭살과 진득이 우러난 진한 국
  물! 이 닭 국물을 조금 덜어서 간장 더하고, 생와사비 추가
  하고, 아까 조사놓은 양파도 듬뿍 넣어.

4 이 코 빵~ 와사비 양파간장 소스에 푹 익은 닭을 담가서 쪽
  빨아 먹어봐. 어라~ 이게 솜사탕인가? 닭인가? 내 입은 닭
  살 흡입기인가? 와, 인생 너무 행복하다. 나 너무 다 가졌다.
  뭘 더 바라? 시름이 절로 없어지고 용기가 뿜뿜 날 것이다.

5 자, 이제 대망의 닭칼국수다! 남은 닭 국물에 버섯, 양파, 대
  파 넣고 물에 여러 번 헹군 생칼국수 면 넣고 팔팔 끓여. 소
  금을 소금소금~ 후추도 후춧후춧~ 넣어 간하면 끝! 아이
  부터 어른까지 남녀노소 불문하고 호로록호로록 잘도 먹
  을 것이다.

묻지도 않았는데 "엄마 사랑해요" 노래하게 하는,
엄마의 지랄털기용 사과편지 35장 정도와
맞먹는 급!

달큰 화끈 탄탄 쫄깃 다 가진
대파 왕창 제육볶음

재료

돼지고기
앞다리살
대파
편마늘
청양고추

양념

소금
후추
간장
고춧가루
설탕
맛술

1 저 달큰하면서도 화끈하게 매워 보이는, 하지만 절대 흐물 흐물 물컹거리지는 않으면서 탄탄하고 쫄깃한 식감에 대 파 향이 듬뿍 배어든 풍미 가득 제육살! 캬~ 고기는 삼겹 살이 더 맛있지만 우리는 무조건 양을 늘려야 하므로 앞다 리살! 이거저거 써봤는데 제육볶음은 앞다리살이 가성 비 최고다. 마늘도 귀찮으니까 다지지 말고 그냥 편 썰어 준비해.

2 먼저 커다란 팬이나 널찍한 웍 달궈서 돼지고기를 구워. 삼 겹살 굽듯이 지글지글~ 약한 불에 천천히 구우면 육즙 다 빠져나가서 딱딱해지니까 약간 센불에 후딱 지글지글~ 그 대로 주워 먹어도 될 정도로 앞뒤로 잘 익었다 싶으면, 빠 져나온 돼지기름에 편마늘, 청양고추 굽다가 섞으면서 볶 아줘. 청양고추는 애들이랑 같이 먹을 거면 빼고.

3 요때 고기 간이 좀 되게 소금, 후추 촵촵 뿌려주고, 설탕 한 두 숟가락 넣고 버무려. 불 세게 올려서 프라이팬 주변으로 간장도 휘휘 둘러주고 맛술도 넣어. 그렇게 약간 타듯이 자 글자글 막 시끄러운 소리 나게 됐다가 휘휘 뒤적거려.

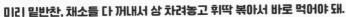

미리 양념 계량하고 버무리고 재우고 숙성하는 제육볶음은 가라.

재료 준비 + 요리 시간을 확 줄인 초간단 제육볶음 레시피!

미리 밑반찬, 채소들 다 꺼내서 상 차려놓고 휘딱 볶아서 바로 먹어야 돼.

4 자, 이제 대파랑 고춧가루 넣고 버무리면 끝나. 굵직하게 썬 대파 왕창 때려 넣고, 바로 고춧가루 두세 숟가락 넣고, 간장 조금씩 추가해 가면서 빨갛게 볶아라. 뒤적뒤적 볶다가 한두 개 집어 먹어 보면서 소금 더 넣어가며 간 맞추고, 통깨도 화악 쏟아 부어줘. 대파를 아주 그냥 이건 좀 심하다 싶게 많이 넣어야 맛있어.

여기에 폭탄 계란찜 추가요! 푸슉푸슉~ 김 화산 터지며 끓어오르는 소복하고 포실하고 짭조름한 초간단 뚝배기 계란찜! 다싯물에 야채 다져 넣고, 계란 풀어 넣고, 소금 간해서 젓가락으로 휘휘~ 뚜껑 닫고 약불에 1분만 기다리면 완성이다. 캬~ 죽여? 안 죽여?

얼마나 맛있게? 음, 집 나간 며느리 돌아오는 맛?
문 꽝 닫고 지방 들어간 사춘기 딸 기어 나오는 맛?

오색빛깔 채즙이 팡팡~
야채 오븐구이

재료

방울토마토
파프리카
양파
가지
브로콜리
양송이버섯
소시지

양념

올리브유
갈릭솔트

1 굽기 전부터 침 콸콸 나오지? 와, 부의 상징 파프리카 때깔 좀 봐! 사등분을 해도 빵빵한 양송이 사이즈는 또 어쩐담? 큰맘 먹고 소시지도 썰어 넣었으니 이건 뭐~ 그냥 썹어 먹어도 육즙, 아니 채즙이 팡팡 터지는 싱싱한 농산물들! 양념은 딱 두 가지, 올리브유랑 갈릭솔트. 오색빛깔 알록달록 야채들을 내키는 대로 썰어서 양푼에 담고, 올리브유를 '난 몰라 어떡해' 싶게 와락 붓고, 갈릭솔트를 '아이고 쏟았네' 싶게 많이 뿌려. 그래도 돼. 쫄지 마. 인생 별거 없어. 좋은 기름, 좋은 양념은 들이부어도 돼. 괜찮아.

2 비닐장갑은 낄 필요 없어. 양푼째 들고 촤락촤락 위아래로 흔들어주면 골고루 잘 섞여. 널찍한 오븐 판때기에 종이호 일 깔고 양념한 야채들을 들이부은 후에 220도 예열된 오 븐에서 30분 구워주면 끝. 난 미니오븐이라 30분 구웠고, 커다란 오븐이면 40분 정도 구워줘야 돼.

3 캬~ 이 요리, 친구들 놀러 오면 테이블에 일단 놓고 시작하 는 메뉴. 은근 잘 안 먹게 되는 가지가 그~렇게 맛나다. 브 로콜리도 한정 없이 주워 먹게 되고, 살짝 그을린 달큰한

몸에 좋은 토마토랑 가지랑 양파랑

다양한 야채들을 맛있게 왕창 먹을 수 있는 요리!

야채 씻고 썰고 양푼에 넣어 차락차락 양념 섞어 오븐에 구우면 땡!

양파 맛은 완전 사랑이고, 채즙이 푸와악! 터지는 방울토마토는 그야말로 아 뜨거! 마이께!

4 로즈메리, 파슬리, 딜 같은 건조 허브들 뿌려주면 더 향기롭고 이국적인 맛이 나. 가족끼리 보고 싶던 영화나 다큐 다운받아 이런저런 수다 떨면서 주섬주섬 주워 먹다 보면 그것만으로 하루 피로가 싹 풀……리진 않지, 물론! 난 솔직한 여자!

근데 "맛있다. 맛있다." "올~ 대박! 괜찮네." "다음엔 요것도 넣어보자." "아니다. 고걸 넣어보자." "닥쳐. 다음엔 양념을 내가 해볼게." "꺼져!" 오순도순 정다운 대화들 오간다.

별거 없는 일상 별거 있게 만드는 요리,

어때? 쉽지? 맛있지? 행복해 죽겠지?

일식당 뺨 때리는 별미 요리
다이콘 샐러드

<재료>
무
잎채소
토마토
자른 김
가쓰오부시

<양념>
간장
식초
레몬즙
설탕
통깨

1 '다이콘 샐러드' 들어는 봤냐? 생전 처음 듣냐? 그럼 당연 안 묵어 봤겠네? 이 묘~하게 끌리고 오~ 소리가 절로 터지는 희한하게 맛있는 요리! 사흘 내내 연속 퍼먹게 만드는 이 마성의 샐러드! 그래, 요렇게 생겼다. 무가 일본 말로 '다이콘', 이름하여 '무 샐러드'란 말이지. 일식당이나 이자카야에서 많이들 시켜 먹는 인기 메뉴! 일본에 대한 개인적 호불호를 잠시 떠나 반찬 돌려막기에 밑천 떨어진 엄마를 위한 글로벌 뉴 메뉴!

2 잎채소는 양상추, 치커리, 어린잎채소 등 다 오케이. 간장 드레싱은 이렇게 만든다. 간장 2큰술, 식초 1큰술, 레몬즙 1큰술, 설탕 1큰술, 통깨 왕창! 레몬즙 없으면 식초 2큰술 넣어도 된다. 겨울 무는 마을 어귀 노지밭에서 치마폭에 싸서 훔쳐서 왔지? 그 무를 익히지 않고 고대로 채만 쳐서 와삭와삭 겁나 맛있게 왕창 먹게 해줄 그야말로 '해독 요리' 되시겠다. 기적 같은 샐러드! 아니 반찬! 아니 안주! 아니 아니 메인 요리!

3 잎채소를 씻어서 손으로 찢고 윙윙이(야채 탈수기) 돌려 물

무 착착 채 쳐서 찬물에 담가놓는 게 스타트.
그래야 약간 아린 맛, 매운 맛이 빠지면서
아삭아삭 겁나 맛있어짐.

기를 완전히 빼는 게 포인트. 여기에 식감 좋게 자른 토마
토랑 역시 채 썰어 물기 빼둔 무채랑 섞고, 간장드레싱을
휘리릭 뿌려 젓가락으로 샥샥 비벼. 그 위에 가쓰오부시랑
얇게 자른 김 올리면 땡! 또 끝! 그럼 이런 끝내주는 비주얼
의 그럴싸한 요리가 된다 이거지.

4 와, 이 상큼하고 이국적인 맛과 아삭한 식감의 조화라니.
당장 내 집이 이자카야고 고급 일식당이 되어부려. 사실 드
레싱만 섞어서 먹어도 맛있는데, 가쓰오부시에 김까지 얹
어봐. 너무나 색달라져. 이 샐러드에 두부 얹어도 맛있다.
두부를 깍둑 썰어서 감자전분 묻혀 지지다가 소금소금~
후춧후춧~한 두부를 얹으면 캬~ 이거 이거 얼마나 맛있고
든든한지. 훈제연어 얹어도 끝내줘. 훈제연어는 소금, 후추
미리 뿌려 잠시 절였다가 팬에 구우면 된다. 한 입 한 입, 아
너무 맛있어서 돌 거다. 주먹 째 입에 넣고 울다가 웃다가!

배달음식, 가공식품의 조미료 범벅된 늑진한 맛 말고
내 '미뢰'에 새바람을 몰고 올 신박한 메뉴!

맛도 폭탄! 감동도 폭탄!
야채 폭탄 김치비빔국수

재료

국수
김치
잎채소

양념

고추장
고춧가루
간장
식초
매실액
설탕
참기름
통깨

1 그래, 나의 사랑, 너의 사랑 소면이다. '밀가리'… 나 요즘 '밀가리' 잘 안 먹는데 참고 또 참다가 먹고 싶어 죽겠는 날 와장창 대박 맛나게 해 먹거든. '에이~ 비빔국수 그거 맨날 사 먹고 해 먹는 거 뭐, 내가 아는 그 맛일 거잖아.'라고 생각했다면 노옵! 화학 조미료 단 한 톨 안 넣고도 극강의 매콤 달콤 상큼 쫄깃한 죽음의 맛을 보게 될 것이다. 감당할 수 있겠느냐? 온통 건강한 양념으로만 낸 아름다운 감칠맛에 몸을 떨며 한 양푼을 다 먹고도 다음날 눈 뜨자마자 또 생각하게 된다니까. '아, 어제 깨가 부족했어. 소심한 나, 오늘은 왕창 넣어야지.' '김치는 많이 넣어도 맛있네. 오늘은 더 넣자.' 그래, 그래, 오늘은 꼭 그렇게 하렴.

2 요 양념장이 핵심인 건 눈치챘지? 양념장은 2인분 기준으로 고추장 2큰술, 고춧가루 1큰술, 간장 1큰술, 식초 2큰술, 매실액 2큰술, 설탕 1큰술, 참기름, 통깨 끝! 마늘도 안 들어가, 대파도 안 들어가, 손 가는 게 하나도 없어. 일단 양념장을 제일 처음 만들어놓아야 시간이 지나 숙성돼서 더 맛있

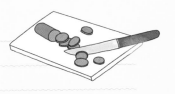

누구도 예상할 만한 딱 그 값은양념, 그것만 들어가.
특이한 재료 하나도 안 들어가.
그니까 비율이 중요하다는 얘기지.

어. 소면 양 따라 요 비율을 배수로 늘리거나 줄이면 된다.

3 이제 소면 삶을 동안 김치 쫑쫑 썰어서 양푼에 담자. 아껴 아껴 먹고 있는 내 사랑 김장 김치를, 그냥 먹기도 아까운 너를 오늘 굳이 좀 비비마. 김치가 맛있으면 더 맛있다. 너무 생김치나 너무 신김치는 노노~ 지금 딱 먹기 좋은 적당히 익은 김치로 해야 맛나.

4 양푼에 김치 넣고, 양념장 부어 섞은 다음 소면 넣고 잘 비비는 거야. 소면은 잘 삶아서 찬물에 3번 이상 씻어 물기 빼놓았지? 마지막으로 '챔기름' 쪼로록 부어 고소한 향 확 퍼뜨리면 끝. 손가락으로 집어 먹어 보면서 추가로 간장이나 고춧가루, 소금 등 첨가하고 뻑뻑하다 싶으면 물 조금 넣어도 돼. 이제 잎채소 왕창 씻어서 손으로 찢어 그릇에 깔고, 그 위에 비빔국수 올리고 고명으로 김 올리면 완성!

오늘도 괜히 애랑 실랑이하지 말고,
손잡고 나가서 국수나 사 와라.

쫄깃쫄깃 아삭아삭 미친 맛
매운 오징어무채볶음

재료

오징어
무
미나리
양파
대파

양념

멸치액젓
고춧가루
다진 마늘
다진 생강
고추장
간장
물엿
참기름
맛술
소금
통깨

1 핵심은 바로 저 굵직하게 썬 무 왕창이야. 오징어보다 두 배는 더 들어가는! 달고 시원한 무는 훔쳐서라도 꼭 먹어야 하는 보양 재료인 거 알지? 맛도 있고 몸에도 좋으니 을매나 좋아. 후덜덜이지. 저 무를 고대로 넣어도 되긴 하는데, 물 나오지 않게 마른 볶음으로 하는 게 핵심이니 무에다가 멸치액젓 두 숟가락 넣어서 살짝 절였다가 물기 빼놔. 자른 오징어에도 고춧가루 한 숟가락 넣어 버무려놓고, 절인 무에도 고춧가루 한 숟가락 넣어 버무려놔. 이렇게 해놓으면 진짜 물기 없이 깔끔하게 잘 볶아져. 귀찮으면 절임 과정은 생략!

2 양념은 이렇게! 오징어 두 마리 기준으로 다진 마늘 2큰술, 다진 생강 1/2큰술, 고추장 2큰술, 간장 2큰술, 물엿 1큰술, 참기름 1큰술, 맛술 1큰술. 이렇게 만든 양념을 팬에 살짝 볶다가 오징어 넣고 볶다가 오징어가 반쯤 익었을 때 무채 넣고 막 볶다가 무채가 살짝 익었다 싶을 때 양파랑 미나리 넣고 휘리릭 볶다가 불 끄고 소금 간하고 통깨 뿌리면 끝! 매운 거 좋아하는 사람은 땡초 2개 썰어

넣거나 매운 고춧가루 넣어.

3 불은 계속 센불이다. 센불에 휘리릭 볶아야 해. 찜 아니다.
세월아 네월아 볶아싸면 오징어무채찜이 될 것이야. 밑반
찬 내놓고 밥상 다 차릴 때쯤 볶아야 휘리릭~ 촤아~ 으악
~! 불 딱 끄고 그릇에 덜어내야 돼. 그래야 무 아삭! 오징어
쫄깃!의 미친 식감을 먹는 내내 즐길 수 있다.

4 그리고 콩나물 데쳐서 같이 싸 먹어도 끝내주거든. 오징어
랑 무채 볶기 전에 콩나물 한 봉지를 살짝 삶아서 찬물에
행궈두면 숨 죽지 않고 아삭하니 먹기 좋아. 오징어볶음 다
먹고 나서 남은 국물에 콩나물 쫑쫑 썰어 넣고 밥 볶아 먹
어도 맛있고. 콩나물 데친 국물은 버리지 말고 뒀다가 다진
마늘, 청양고추, 멸치액젓 넣고 콩나물국 끓여도 최고다.

매운 + 오징어 + 무채의 조합은
도무지 맛없기 힘들다.
책육아로 아이 못 키우기 힘든 것처럼!

조연, 엑스트라에서 일약 슈퍼스타로!
푸짐 대파전

재료

대파
통밀가루
청양고추
식용유

양념

소금
간장
식초

1 조연, 엑스트라로 머물던 대파씨를 일약 슈퍼스타로 만들어버린 일품요리다. 몸에 몹시도 좋은 대파를 많~이, 정말 많~~~이 먹을 수 있는 레시피다. 특히나 야심차게 대파 한 단 샀다가 찌개나 나물 양념으로 쬐끔 쓰고 늙혀서 버리고 썩혀서 버렸던 미안미안 대파 아니겠느냐. 일단 대파에게 사과부터 하고 간다. '대파야 미안해. 네 잘못이 아니야.' 실시~! 이제 대파 버리는 거 아까워서 안 사는 일도 없고, 사놓고 썩혀 버리는 일도 다시는 없는 거다.

2 먼저, 파를 먹기 좋게 칼로 길게 길게 갈라. 달궈서 식용유를 두른 프라이팬에 이 자른 대파를 왕창 깔어. 수북이 쌓인 파들이 프라이팬 위에서 숨 죽으면 사실 한 줌도 안돼. 여기에 소금 간한 묽은 통밀가루 반죽을 휘휘~ 부어서 지지다가 휘리릭~ 뒤집어서 익히면 끝! 너무 쉽지? 통밀가루 반죽은 소금, 간장으로 간하면 되는데, 이때 팁! 머그잔에 반죽하면 붓기도 쉽고 설거지도 간단해.

3 대파는 진짜 왕창 들어가고 반죽은 묽게 쬐~끔만 두르는 요리라 퍽퍽하지 않고 쫄깃한 대파의 식감이 아후~ 그냥

대파가 양념이 아닌 메인으로 활약하는 요리는 처음이지?
과거 '돼지테리언'일 때 고기와 곁들여 먹던 파절이면 몰라도…
만드는 법도 간단하고 비주얼과 맛은 최상급!

못 살겠어. 꽤액~! 내 사랑 청양고추도 쫑쫑 썰어 전 부칠 때 넣어봐. 더 맛나다고! 청양고추 조사 넣은 초간장에 찍어 먹어도 진짜 10판도 해치울 기세다. 대파 씻고 다듬어 얼릴 것도 없어. 앉은 자리에서 없어질 게야.

게다가 대파 요것이 몸에 또 얼마나 좋니? 대파의 미끌미끌 끈적한 진액이 우리 몸에 엄청난 항균·면역 작용을 해서 그토록 바라던 스테미너 쩌는 몸을 만든다니까. 일단 몸이 튼튼하고 면역력 최상이고 혈행이 원활해야 애 안 잡는다 이 말이여.
좋은 먹거리 공부 계속하니 파 한 줄, 밤 한 톨, 마늘 한 알도 묵혀서 버리질 못하겠어. 다 약이고 치료제야. 우리 땅에서 나는 게 진짜 최고라니까.

파지지직 소리에 '요르가즘'이 아오~~
이래 쉬워야 자주 해 먹고 많이 먹지. 안 그냐?

왕창 먹어도 살 안 쪄!
야채 1톤 월남쌈

재료

오이
파인애플
파프리카
당근
맛살
라이스페이퍼
(혹은 무쌈)

양념

어간장
멸치액젓

1 "야채니까 살 안 쪄!" 하면서 소처럼, 코끼리처럼 먹게 돼 있어. 너무 맛있어서! 재료 따위 쓸 것도 없어. 집에 있는 채소·과일 있는 대로 썰어놓으면 돼. 물론 파인애플, 오이는 있으면 좋은데 몰라서 그런 게 아니여, 사러 가기 귀찮아서 그렇지! 와 새싹도 있쒀? 파프리카 웬말? 이욜~ 하면서 먹는 거다.

2 요즘 라이스페이퍼는 찬물에도 금새 부드러워지니까 찬물 한 사발 떠놓고 각자 개인 접시에 싸 먹게 해봐. 완전 전투 모드! 손도 입도 눈도 쉬질 않고 계에~소옥 싸 먹고 떠들고 시끄럽고 행복하고! 월남쌈 소스는 한살림이나 자연드림에서 파는 어간장이랑 멸치액젓 반반 섞어서 찍어 먹어봐. 깔끔하고 맛있어. 내 비밀 고급 레시피다.

3 양파, 깻잎, 김, 무순, 상추, 어묵… 책상다리든 뭐든 썰어와도 다 먹게 되는, 없으면 없는 대로, 있으면 있는 대로, 닥치는 대로 먹게 될 요리! 라이스페이퍼 대신 쌈무로 해도 괜찮아. 확실히 채소는 아무리 많이 먹어도 속이 편하다니까. 문제는 어떡하면 토 안 하고 많이 먹나 이 게임이지!

불현듯 느닷없이 간단하게
봉골레 파스타

재료

파스타면
바지락
매운 고추
(페페론치노)

양념

소금
올리브유
파슬리가루
화이트와인

1 봉골레 파스타를 집에서? 와, 미치겠지? 맛도 근사한데, 레시피도 간단해. 바지락 사서 1시간쯤 해감해놓고, 파스타면 7분쯤 삶아 물기 빼놔. 삶을 때 소금이랑 올리브유 넣고 삶는 건 알지? 비빔면 아니니 절대 찬물에 헹구지 말고.

2 이제 마늘 편으로 썰어서 올리브유 넣고 막 볶아. 매운 고추도 잘라서 또 막 볶다가 해감해놓은 바지락 때려 넣고 또 볶아. 그러다가 바지락 입 벌리기 시작하면 싸고 안 단 화이트와인 와락 쏟아붓고 살짝 익히면서 알코올 날려버린 후 삶은 파스타면 붓고 비벼~ 막 비벼~ 비빌 때 뻑뻑하면 면 삶은 물 한 공기 넣으면 돼. 거기에 소금, 후추 간하고 막판에 파슬리가루 조금 뿌리면 땡! 근데 난 파슬리가루 뚜껑 확 열려서 와락 쏟아졌···. 그래두 느~므 맛있쩡!

3 올리브유가 생각보다 많이 들어가. 소금도, 매운 고추도 꽤 많이 들어가야 맛있어. 다 때려 넣었더니 와, 너무 맛있지? 알싸하니 깔끔하니 미치겠지? 아주 궁중팬 가득 해놓고 돼지같이 다 먹을 거야. 두고 봐!

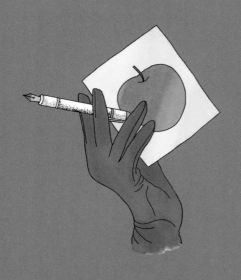

하은맘의
육아 명언
필사 노트

"밑줄 긋고 필사하고
적용하고 반성하는 선순환 속에서
멋지고 참된 부모로
우뚝 서게 되는 거야."

생각이 많아지면
'실행'까지 너무 멀다

이렇게 하면 될까? 안되면 어떡하지? 다른 방법은 없을까?

우짜지? 저짜지? 요짤까? 아냐, 좀 더 고민해보고…

더 알아보고… 에이, 모르겠다. 다음에…

쓸데없는 고민과 갈등으로 얼마나 많은 기회와 변화들을

놓치면서 살고 있는지 진지하게 생각해본 적 있는가.

실천하지 않으면 아무런 의미가 없다.

해보지 않고 고민해봤자 해결되는 거 아무것도 없다.

실천, 행동! 손을 움직이고, 발을 움직여!

생각이 많아지고 깊어지면

실행으로 가는 길이 너무 오래 걸린다.

무식하게 그냥 따라하기! 일단 실행해보기! 아니면 말구!

'근데 즉흥적인 판단으로 일을 그르치면 어떡해요?'

'돌이킬 수 없으면 어떡해요?'

이렇게 우물쭈물하다가 변화의 기회를 놓치는 것보다

무작정 시도하며 깨닫는 게 천 배는 낫다.

실수를 많이 해야 실패를 안 하는 거다.

원리는 쉽고 간단해, 꾸준한 게 어려운 거지

책육아도, 영어책육아도

원리는 너무 쉽고 간단해.

꾸준히 하는 게 어려운 거지.

왜 다들 꾸준히 못하고 사교육으로 빠지는 줄 알아?

너무 단순하니까 불안해서, 의심병이 도져서, 딴 사람들 뭐하나

기웃거리다가 전염돼서 보내고 시작하는 거야.

원래 돈 들이는 게 제일 속 편하니까…

나두 그 의심병이 도져서 이것저것 곁눈질하고, 시도해보고,

잘 안 돼서 애 잡고 울면서 사과하고 난리를 치다가

결국 책과 DVD만 붙들게 된거라구.

이게 갑이야. 과정도, 결과도…

꾸준함을 이길 수 있는 건 이 세상에 아무 것도 없어.

가랑비가 바위를 결국 뚫잖아.

오래 걸려서 그렇지. 제발 뚫게 좀 놔두자.

꽃처럼 피어나야 할 우리 아이들,

제발 영어로 목 조르지 말고 훨훨 날게 놔주자.

육아는 노하우가 아니라
훈련이다

육아는 그저 무식한 '훈련'이고 '단련'이야.
뾰족한 노하우를 마술처럼 부리는 게 아니고.
육아가 얼마나 고차원적인 체력 단련이자
수련의 과정인지
어린 애 끼고 있을 때는 나도 잘 몰랐고
아니, 억울해서 알려고 하지도 않았는데
지나고 나니 다 보여. 그냥 알게 됐어. 알아졌어.
애 키우는 건 정말 숭고하고 고고한 과정이란다…
라고 말할 년이냐? 내가?
시끄럽고! 버텨! 견뎌!
끝까지 버틴 애미가 우승이야!
이왕이면 아이 낳아서 키우는 것 자체의 '가치'를
억지로라도 느끼면서 잘 키워내버려.
아주 그냥 확~ 뚫어내버리자고!

안 자면
안 재우면 되는 거였어

시간이 빨리 지나갔으면… 내 시간이 좀 났으면…

나도 사람답게 살고 싶은데…

지금 돌이켜보면 그때 그 순간이 내 인생에서

가장 사람답던 시절이었어.

누군가를 사랑하고 돌보고 뭐든 값없이 내어주던…

이기적인 마음 없이

그 어린 아가 하나 잘 키우려 애쓰던 그때가…

잠 안 자면 안 재우면 되는 거였어. 억지로 울려 재우지 말 걸.

자라, 자라~ 염불 외우지 말고 시계 뒤집어 버리고 원시인처럼 지낼 걸.

늦잠 자면 될 것을. 잠 안 자고 버티던 시절 그리 길지 않더만.

애가 호기심이 많아서 그랬던 건데 세상이 넘 신비롭고 재밌어서

조금이라도 더 보고 만지고 느끼려고 잠을 이겨내고 있던

천재 아가한테 왜 그랬을까? 내가.

애들아. 정해진 시간에 애 강제로 안 재워도 돼. 괜찮아.

아이는 들풀 같아서 지들이 알아서 자기 살 숨과 잠과 에너지를

챙겨나가면서 살더라. 엄마가 일부러 조절하지 않아도.

엄만 그저 아이 곁에서 '괜찮아, 괜찮아. 엄마가 있잖아.

마음껏 탐험하며 살렴.' 그 마음만 갖고 있으면 돼.

장난감은 '제품'이지 진정한 놀잇감이 아냐

장난감은 애들의 무덤이란 말, 사실이었어.

장난감은 '제품'이지 진정한 놀잇감이 아냐.

정해진 완성본이 없는 집 안팎 물건과 자연이 최고의 놀잇감이지.

괜히 사주고 괜히 애 잡고…

괜히 사 입히고 괜히 애 울리고…

괜히 나가서 괜히 애 서둘게 하는 일…

이제 그만 두자. 해볼 만큼 해봤잖아.

컴퓨터 켜지 마. 스마트폰 열지 말구.

보면 사게 돼. 그게 우리네 본능이거든.

애들은 타고난 천재들이라 아무것도 없어도 기똥차게

놀거리를 찾아내. 그렇게 자라야 나중에 커서도 소비로

행복을 찾으려는 후진 인간이 안 되는 거라구.

스스로 맨땅에서 놀거리를 찾아내고,

가진 게 없어도 작은 것에 감사할 줄 알고,

'무'에서 '유'를 찾아내게 돼 있어.

그게 바로 창의력이야. 행복력이구.

별거 없는 육아일수록
제대론 거다

그렇게 가는 거야, 육아. 뒷길 없어.

멋지고 우아하고 귀티 나는 까꿍 육아는 없어.

르네상스 시대 귀족으로 태어나지 않은 이상…

목 늘어난 티샤쓰 입고 무릎 나온 추리닝에

아디다스 삼선 쓰레빠 직직~ 끌고 온 동네 마실 나가는 게

최고의 품격 육아야.

초기에는 멋져지려고 하지 마.

그러라고 유혹하는 거 죄다 상술이고 장사야.

육아 팁? 필수 목록? 국민 장난감 같은 소리하고 자빠졌네.

됐다 그래. 귀 닫고 눈 감아.

마음의 눈 활짝 열고 내 새끼만 보는 거야. 워때~?

할 만하지?

그래. 별거 없는 육아일수록 제대론 거다.

무엇을 '안' 하느냐에
달려 있다

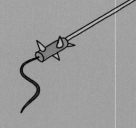

어떤 삶을 사느냐는 무엇을 더 열심히 하느냐가 아니라
무엇을 '안' 하느냐에 달려 있다.
더불어 무엇을 '안' 하느냐는
얼마나 절제하고 인내하느냐의 게임이 아니라
집에 그 무엇이 아예 없느냐, 안 틀어지느냐의 문제다.
그러니 나 편하겠다고 내 아이 편리함에 젖어들게 만들고,
TV 틀어주고 스마트폰 쥐여주고 각종 미디어에 노출시켜
뛰어놀 줄도 모르고, 폰 보고 싶어 안달 내고,
게임에 빠져 현실 분간 못하는
청소년, 어른으로 커가게 하는 건 저주 중의 저주다.
몸을 움직여 놀고, 집안일 하고, 살림하고, 요리하고,
그러면서 더 나아지게 만들고,
잘 해내려고 궁리하고, 머리 쓰다 보면
공부머리, 일머리는 뭐 만들어지지 말래도
자동으로 만들어진다.

사교육은
돈으로 발라진 믿음

흙장난이건 종이접기건 소꿉놀이건 공차기건 책이건
아이가 빠져든 그 몰입의 순간을 중간에 딱 끊는 게
바로 사교육이다.
너무 재밌고 신나고 즐거워서 미치겠는 그 순간을
자의가 아닌 타의로 빼앗아버리는데
순수하게 온 마음을 다해 좋아할 수 있겠냐고.
엄마들의 헛된 믿음이다.
일단 학원 보내놓으면
우주 초집중해서 뼛속 깊이 즐기고
습득하고 숙제하고 체화하고 있을 거라는
돈으로 발라진 믿음.
초등 때까지는 무조건 노는 시기야.
숙제도 최소로 하고, 테스트도 없어야 해.
선행은 당연히 없어야지.
정성껏 사랑해주면서 실컷 놀리고 짬짬이 책만 읽혀.
과몰입으로 쌍코피 터질 날, 곧 온다.

바로 오늘
그림책을 읽어줘야 하는 이유

책육아의 8할은 그림이다. 글은 보너스고!

그림에 광분하고, 사랑에 빠지고, 중독되는 사이

엄마 목소리에 담긴 이야기를 귀로 듣고 눈으로 보게 되면서

곁다리로 글도 읽게 되는 시스템이 바로 '책육아'인 게다.

단 0.001%의 학습적인 부담도, 스트레스도 없이

그저 즐겁고 흥분되는 노출!

이 세상에서 가장 사랑하는 엄마 살과 숨,

무릎과 심장이 밀착된 그림책 노출!

그렇기에 아가는 졸음을 참고, 배고픔을 참고,

오줌 마려운 걸 참아가며 낮이고 밤이고 책에 빠져든다.

그게 '그림책'에 환장하는 어린 까꿍이 시절에

책육아를 시작해야 하는 강력한 이유다.

조기 교육도 적기 교육도 개나 주고.

언제부터라고? 바로 오늘!

애가 한 살이어도 오늘! 두세 살이어도 오늘!

네다섯 살이어도 오늘!

영어도 무조건
책이어야 해

'수능 영어 만점' 하은이 비결 다른 거 없어.

책장에 그득그득한 영어 픽처북, 리더스북, 챕터북, 소설들….

그리고 기초를 든든하게 받쳐주는 평생 읽어온 수 만권의 한글책들….

영어 실력뿐만 아니라 사고력, 감성, 도덕성,

삶의 내공까지 세팅해주는

이런 기막힌 책들이 천지뻐까린데 어델 눈을 돌려.

돌아보니, 이 책들에 감탄하며 읽고 또 읽고, 발견하고 또 발견하고,

애랑 웃고 울며 읽고 놀고 또 찾아내고,

그 짓 하느라 정신없는 사이에 어찌어찌 애가 커버린 거 같다.

영어도 무조건 책이어야 해.

문법도 엄마가 해줄 필요 없어. 지가 필요하면 다~ 하게 돼 있어.

영어로 쫄리고 겁먹고 주눅 들고

재미없고 학을 떼게만 안 하면 돼.

재밌어할 만한 영어책 꾸준히 사서

애가 좋아하든 싫어하든 일희일비하지 않고,

이렇게 요렇게 조렇게 그렇게 읽어주면 되는 거야.

아이 책 읽어주고,
엄마 책 읽으면서

세상 어찌 돌아가는지 기웃거리며

이러네 저러네 직조된 남들 의견 전달질 그만하고,

'꼭 해야 하지만 죽도록 하기 싫은 육아'로부터 도피인

물건 사재끼는 짓 딱 멈추고,

남 사는 거, 남의 애 크는 거 참견질 그만두고,

조용히 내 집, 내 구역에서

아이 책 읽어주고, 엄마 책 읽으면서 함께 성장해나가.

그럼 애 주변이든 학교든 어디든 속 시끄러운 일들이 왜 일어나겠니.

학교 탓, 정책 탓, 사회 탓, 시대 탓 백~날 해봐라.

쬐~금이라도 바뀌나.

다 시끄럽고,

수작 부리지 말고 따라 와.

알겠어?

오늘, 지금, 여기, 엄마에게 달렸다

온 사방 싸돌아다니고 굴러다니면서 놀아야 단연 책도 많이 봐.

놀면서 생각났던 거 찾아보고, 놀면서 봤던 거 연계해

넝쿨처럼 가지를 치면서.

이 신비의 메커니즘은 실컷 놀려본 엄마만이 안다.

선행이다 뭐다 달달 볶으면서 학원 뺑뺑이 돌리다가

마냥 애랑 부딪치고 싸우고 서로 들들 볶으면서

시험 성적 올리기에 혈안이 된 채 허망하게 시간을 낭비할 건지,

하교 후, 퇴근 후, 온 가족 둘러앉아 지식과 배움을 나누는

향연의 자리에 당당한 멤버로 자리매김할 수 있게

함께 성장하고 준비하는 기간으로 채울 건지는

오늘, 지금, 여기, 엄마에게 달렸다.

실컷 바깥놀이하면서 '몸 독서' 하고,

집콕 책육아로 '머리 독서' 하면서

신나게 세상을 알아가자고!

'지식은 책에서, 지혜는 자연에서' 얻게 해주는 고마운 독서.

그 어떤 것으로도 대체돼서는 안 돼.

요즘 같은 어수선한 시절에는 더더욱.

책 읽을 시간이 없다는
얘기는 그만하자

이제 우리

애가 어려 책 읽을 시간이 없다는 얘기는 그만하자.

애가 둘이라서 못 읽는다는 말, 사내 애라서 정신없다는 말,

비싸서 책 못 사겠다는 말, 선수끼리 이러지 말자.

폰만 내려놓으면 되잖아. 집에 TV만 안 나오면 되고.

컴 검색질, 의미 없는 정보 찾아 삼만 리 안 하면 되잖아.

이 책은 이래서 별로고, 저 책은 저래서 재수 없고,

조 책은 조래서 믿을 수가 없다는 불평도 멈추자.

이 세상 모든 책은 다 좋아. 나쁜 책 없어.

누군가는 내가 욕했던 그 책으로 인생이 바뀌고

의미 있는 하루하루를 살고 있다고.

스마트폰 손에 쥐고는 절대 애 잘 못 키워.

남들도 다 볼 수 있는 널린 정보는 정보가 아냐.

내 손으로 찾아낸 보물 같은 책에

줄쳐가며 읽고 깨닫는 진리가

내 삶을 바꾸는 '진정한 정보'야.

좋은 거 먹어야
애 안 잡아

몸이 무너지면, 정신도 결국 몸을 따라 무너져.

처녀고, 혼자 살다 갈 거고, 긴 건강 수명 바라지 않는다면 모를까.

엄마이고, 아내이고, 한 가정의 안주인인고로

내 손에 나는 물론 내 남편, 내 자식의

건강과 멘탈이 달려 있다면 얘기가 달라져.

매 끼니 좋은 거 먹으면 울화병도 덜 치밀어 오르고,

'피곤하면 헐크 변신 증후군'도 없어지고,

'날씨 안 좋으면 삭신 쑤심 증후군'도 사라지고,

'애가 머 쏟으면 얼굴 썩음 현상'도 없어진다.

'애랑 놀이터 지옥 훈련' 짜증 없이 하게 되고,

'야간 책 읽어주기 강행군' 끝까지 갈 수 있는 거다.

특히 아이에겐 '먹는 것 = 뇌 발달'이거든. 완전 직결돼.

쑥쑥 클 나이에 엄마 손으로 싱싱한 재료 다듬고 양념해서 해 먹이는 게

얼마나 중요하고 절대적인지는 애들 클수록 절절하게 느낄 게다.

허튼 수작 부리고
'외주 육아' 내빼지 마라

엄마만 등 뒤에서

믿어주고 지지해주고 방패막이 되어주면

아무것도 문제 안 돼.

그니까 아이 어릴 때 힘들다고, 죽겠다고

외주로 맡길 생각일랑 마.

엄마가 내 아이 전문가인데, 누구한테 우리 애를 맡겨?

무슨 샘, 뭔 전문가에 귀 팔랑여서 '외주 육아'로 내빼면

엄마는 당장 편할지 몰라도 아이는 매일 조금씩 시들어간다.

애 맡겨놓고 아~무리 우아하고 멋지게

엄마들이랑 커피 마시며 물건 사러 다니고 학원 정보 나눠싸봐라

나중에 남는 거 하~나라도 있나.

허튼 수작 부리지 말고, 애 끼고 달려.

더 빡시게 달려도 돼. 안 죽어.

나중에 다 네꺼 돼.

방패막이 역할이
그 어느 때보다 중하다

배려 깊은 사랑에서 진정한 배려는 이런 거다.

아이의 삶, 건강, 안전, 성취, 행복 등을 위해

이로운 건 더 제공하고 경험하게 하고

해로운 건 어떻게 해서라도 막아주고 피할 수 있게

단 하루라도 지연시켜주는 '방패막이' 역할!

그게 내 아이를 위한 엄마의 배려인 거다.

'좋은 게 좋은 거지…'

내가 완전 싫어하는 말.

좋게 좋게, 적당히, 무리하지 않는 선에서…

이젠 그게 안 통하는 세상이다.

좋은 게 좋은 걸로 해결되는 거 하나 없어.

잘 해내야 돼, 엄마는. 내 자식 잘 키우려면.

남 눈치 보고 남의 말 들을 시간이 없다고.

해로운 것들 투성이로부터 내 아이를 보호하는

총알받이, 방패막이 역할이 그 어느 때보다 중한 때다 이 말이다.

육아의 최종 목적지가
결국 '분리'라는 거

애 까꿍이 때 애착 형성에 목숨 걸어야 하는 이유가
애가 커서 나로부터 잘 떨어지게 하는 거라니
육아의 최종 목적지가 결국 '분리'라는 거,
이 당연한 듯 허를 찌르는 육아의 원리에 세포 하나하나까지
폭풍 공감하게 된다.
그러니까 늬 애 죽어라 끼고 있어.
지긋지긋할 정도로 사랑하면서.
애를 위해서가 아니라 전적으로 나를 위해서.
아주 이가 빠득빠득 갈릴 정도로 옆구리에 끼고 사랑해주고서
나중에 애가 애미 품으로부터 훨훨 날아갈 때
아주 아주 아주 쿨~하게 보내줘.

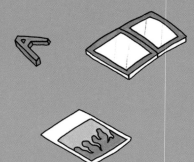

육아란
나를 양육해가는 과정

육아에서 정말 중요한 건 방법이나 기술이 아니라,

마치 날 괴롭히기 위한 목적으로

이 땅에 투하된 특수공작원과도 같은 내 자식과 겨루는

치열한 게릴라전에서 서로 피 철철 흘리지 않고,

어떻게 하면 무난하게 서로를 인정하며

잘 살아갈 수 있는지를 고민해가는 과정이다.

결국 내 아이를 양육하는 게 아니라,

제대로 양육되어지지 않은

나 자신을 양육해가는 과정이 육아다.

이 세상에 쉽게 얻어지는 성취와 변화는 없다.

특히 아이를 키우는 일에 있어서는 더더욱.

내가 애쓰는 만큼 노력하는 만큼

딱 그만큼만 내 아이는 큰다.

·· Book List ··
아이책 : 한글책

1	○
2	○
3	○
4	○
5	○
6	○
7	○
8	○
9	○
10	○
11	○
12	○
13	○
14	○
15	○
16	○
17	○
18	○
19	○
20	○
21	○
22	○
23	○
24	○
25	○

26		○
27		○
28		○
29		○
30		○
31		○
32		○
33		○
34		○
35		○
36		○
37		○
38		○
39		○
40		○
41		○
42		○
43		○
44		○
45		○
46		○
47		○
48		○
49		○
50		○

·· Book List ··
아이책 : 한글책

51		◯
52		◯
53		◯
54		◯
55		◯
56		◯
57		◯
58		◯
59		◯
60		◯
61		◯
62		◯
63		◯
64		◯
65		◯
66		◯
67		◯
68		◯
69		◯
70		◯
71		◯
72		◯
73		◯
74		◯
75		◯

76		◯
77		◯
78		◯
79		◯
80		◯
81		◯
82		◯
83		◯
84		◯
85		◯
86		◯
87		◯
88		◯
89		◯
90		◯
91		◯
92		◯
93		◯
94		◯
95		◯
96		◯
97		◯
98		◯
99		◯
100		◯

·· Book List ··
아이책 : 영어책

1		◯
2		◯
3		◯
4		◯
5		◯
6		◯
7		◯
8		◯
9		◯
10		◯
11		◯
12		◯
13		◯
14		◯
15		◯
16		◯
17		◯
18		◯
19		◯
20		◯
21		◯
22		◯
23		◯
24		◯
25		◯

26	○
27	○
28	○
29	○
30	○
31	○
32	○
33	○
34	○
35	○
36	○
37	○
38	○
39	○
40	○
41	○
42	○
43	○
44	○
45	○
46	○
47	○
48	○
49	○
50	○

·· Book List ··
아이책 : 영어책

51		○
52		○
53		○
54		○
55		○
56		○
57		○
58		○
59		○
60		○
61		○
62		○
63		○
64		○
65		○
66		○
67		○
68		○
69		○
70		○
71		○
72		○
73		○
74		○
75		○

76	○
77	○
78	○
79	○
80	○
81	○
82	○
83	○
84	○
85	○
86	○
87	○
88	○
89	○
90	○
91	○
92	○
93	○
94	○
95	○
96	○
97	○
98	○
99	○
100	○

·· Book List ··
엄마책

1		○
2		○
3		○
4		○
5		○
6		○
7		○
8		○
9		○
10		○
11		○
12		○
13		○
14		○
15		○
16		○
17		○
18		○
19		○
20		○
21		○
22		○
23		○
24		○
25		○

26	◯
27	◯
28	◯
29	◯
30	◯
31	◯
32	◯
33	◯
34	◯
35	◯
36	◯
37	◯
38	◯
39	◯
40	◯
41	◯
42	◯
43	◯
44	◯
45	◯
46	◯
47	◯
48	◯
49	◯
50	◯

엄마책

51	
52	
53	
54	
55	
56	
57	
58	
59	
60	
61	
62	
63	
64	
65	
66	
67	
68	
69	
70	
71	
72	
73	
74	
75	

76		○
77		○
78		○
79		○
80		○
81		○
82		○
83		○
84		○
85		○
86		○
87		○
88		○
89		○
90		○
91		○
92		○
93		○
94		○
95		○
96		○
97		○
98		○
99		○
100		○

20_____. _____. _____. 부터
20_____. _____. _____. 까지

성장 기록

Name   _____

Mobile   _____

Email   _____

Address   _____